U0506645

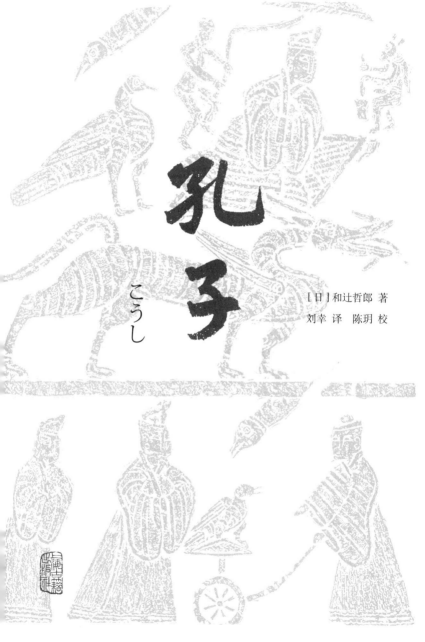

孔子

こうし

[日]和辻哲郎 著

刘幸 译　陈玥 校

中文版序

　　跟众多日本的孔子研究者不同，本书作者和辻哲郎（1889—1960）不是汉学家，而是具有世界影响的哲学家与伦理学家。他生在村医之家，中学时代因困扰于信仰与人生意义的问题而沉迷文学，二十岁进入东京帝国大学哲学科，决定以学术为志业，二十四岁出版《尼采研究》，二十六岁出版《克尔凯郭尔》，一生著作等身，全集逾二十卷，曾任东京帝国大学、京都帝国大学教授，也是日本伦理学会多届会长，代表作有《伦理学》《作为人间学的伦理学》《风土：人间学的考察》《人格与人性》《日本伦理学史》《日本精神史研究》等，其伦理学说被称为"和辻伦理学"。

以日本所受中国文化的深远影响，身为研究日本精神文化的巨擘，和辻对中国文化尤其是儒家文化当然不会陌生，在著作中多有关于中国历史与文化的讨论，也写过不止一篇的专门文章，以至于他的弟子径称读和辻的著作，可以深感他是以受过儒家熏陶之眼来看西方传统的，也是从儒家道德的视角来界定伦理学的。所以在已名满天下、诸务缠身之际，收到撰著《孔子》的邀约，虽然他自谦无研究、无学养、无准备，却还是欣然命笔。从本书在日本的风行，到今天有了中译本，历史证明他八十多年前的心血没有白费。

正如在本书中和辻自己提及的，他著有《原始佛教的实践哲学》与《原始基督教的文化史意义》，他没有提及的是他还与人合译过《希腊天才之诸相》（后重译改题为《希腊精神的存在形式》），可知他对佛教、基督教、古希腊哲学都有着非同泛泛的理解与把握。在本书前两章，他把孔子与释迦牟尼、苏格拉底和耶稣作为不同文化的人类教师的代表进行了比较。和辻肯定了把他们合称为"四圣"的说法，因为这包含了一种"不是只偏向于西方，而是能够广阔地纵观世界的文化"的态度——也就是将孔子、释迦牟尼、苏格拉底、耶稣所代表的中国文化、印度文化、希腊文化以及征服了欧洲文化的犹太文化，"平等地予以极高的评价"。这自然是通达的认识，不仅比西方文化中心论者理性，也可能比从某些特定的角度视释迦牟尼与耶稣为"偏至型的圣贤"而孔子为"圆满型的圣贤"的论断更易为不同文化背景的读者所接受。和辻复以释迦牟尼、苏格拉底、耶稣的事迹作参照，通过对《史记·孔子世家》的讨论，指出这些人类的教师往往都有很好的弟子，他们坚信自己的老师乃是真正的"道"的体悟者，他们宣扬老师的道，也实践老师的道。亲受过感化的弟子们总是将注意力集中在这些教师最卓越、最值得感悟的地方；而对无缘亲炙者而言，只能从前辈所传递下来的局部印象来认识他们。随着时间推移，经过层累式的叠加，遂使"不同时代的人们都认为，人之为人、最深的智慧与人格，都可以在这些教师身上窥见。这便是作为一个伟大的教师形象的凝结过程。如果这么看的话，人类的教师，只能说是在长时间的过程中，因为无数人所怀抱的理想而被创造出来的'理想人'的形象"。如果人类的教师确属这样的"理想人"：

> 那么，有关他们的真正的传记，就必须被理解为上面所说的这种凝结的过程。这应当被视为一种文化史上的发展，而不是一种个人的生涯。然而一直以来，这些人类教师的传记都往往只是被理解成一个个人的生涯记录而已。因此，当我们追问这些传记中有多少真实性的时候，就常常不免有一些强烈的疑惑之感涌现出来。

这样的人类教师的传记，都是记叙非常含糊的材料，究竟在多大程度上具有历史的真实性"非常难讲"。而孔子正是作为"先秦文化的结晶"出现、在后来的文化中得到传承延续的，"汉代的儒学是基于其所理解的孔子，创造了汉代文化，宋学也是基于其所理解的独特的孔子，创造了宋代文化。正是随着这一历史的发展，作为鲁国一夫子，孔子获得了作为人类教师的普遍性。在这一点上，孔子和其他人类的教师并无不同之处"。我们不能不佩服他的洞见，这样的文化比较，也才是既融通透彻又足以给人以启迪的文化比较。

如前所述，和辻不是专业的汉学家，他对《论语》的认识与理解主要依傍的是日本以实证见长的中国哲学名家武内义雄的著述。他引据的《论语》文本是武内义雄译注的岩波文库本，他对《论语》全书结构的把握也以武内的考辨为基础，作了推衍发挥。武内1929年在《支那学》上发表的《论语原始》，他的相关演讲让和辻深为折服。1939年武内的《论语之研究》出版，和辻又撰写推荐专文（见本书附录），誉称将来的《论语》研究"必将以此为出发点"。因为武内融会古来中日学者关于《论语》的辨证成果，条分缕析，将《论语》二十章厘为四个部分，即所谓河间七篇本、齐人所传七篇、齐鲁二篇本和另外的《子罕》《季氏》《阳货》《微子》等篇，企图以此明断《论语》各篇形成的先后，甚至进一步考定儒家不同学派的思想演进，通过这种对《论语》原典的批判来究明早期儒家思想的变迁过程。他坚持研究经典必须"弄清书籍的来历，进行严密的原典批判"，这种努力是可贵的。然而《论语》成书既早，史籍中未见明确的编纂情况记录，编排既不易看出严密的系统，又语多片断且往往缺乏可相照应的语境，面对这样的古代文本，其实到现在我们也不具备彻底弄清其来历的条件。所以尽管武内功力湛深，作的推论乍看令人惊艳，细审之下必然仍多疑窦。年辈稍晚重译过《论语》的日本史学大家宫崎市定曾自述：

> 武内博士的考证极其细致慎重，一步一步地推进，可以说一点隙缝都没有。同时代的和辻哲郎著有《孔子》一书，基本上就采纳了武内博士的说法，并且极口称赞。我自己最初读到武内博士的这一新说时，感觉从考证学的奥义来看，简直不可能超出其右，几乎让人惊叹这已经就是最后的铁案了。然而，今天我自己来研究《论语》，为了把武内博士的学说介绍给读者而重读此书时，却产生了各种各样新的疑惑。（《论语研究史》，童岭译）

宫崎重审史料，以为"与其从武内博士的新说，不如从以往传统的通说"，这应该也是包括日本在内的多数学者的共识。如日本的古文字学大家白川静在上世纪七十年代所著的《孔子传》中就明确表示："同《圣经》一样，《论语》也是需要严密的批判的一本书。不过说起这种严密的批判研究，尽管前辈学者已经做了诸多出色的工作，但仍然没有显示出充分的成果。"

由于是同类性质的著作，又特别言及了原典批判，白川静的话也许就是针对武内与和辻说的——毕竟和辻是武内最坚定、最著名的拥护者，宫崎也才会在涉及武内的观点时特别提到他。武内的学说既然不能成立，和辻某些立论也就失去了根基，这是显而易见、毋庸讳言的。但这并不意味着第三章"《论语》原典批判"就失去了价值。首先，我们仍然可以借此了解武内与和辻在《论语》文本问题上的独到见解。其次更重要的是，尽管和辻对《论语》文本构成的分析时见意必之辞，但他终究是一位有着通透人生观与敏锐洞察力的大哲，而且还是一位对文学有深切爱好与很高素养的大哲——他从青年时代就跟夏目漱石、谷崎润一郎等文豪有往来，向往成为如尼采、克尔凯郭尔那样的诗人哲学家，所以他对《论语》的阐说往往具有不同于他人的光芒。例如他对众所熟知的《论语》第一章《学而》第一节孔子的名言"学而时习之，不亦说乎？有朋自远方来，不亦乐乎？人不知而不愠，不亦君子乎"的论述：

　　这很明显是孔子学徒们的一种学究生活的座右铭。这三句话，并不是孔子在特定的什么时候，向特定的某个人说的话，而是要从孔子的话中，选出几句作为学园生活的座右铭时，被挑选、并列于一处的三句话。也即是说，第一是学问之喜，第二是因为学问而结成的友爱的共同体之喜，第三是在共同体中的所得，只是为了自己人格及生命价值的提升，其目的只在自己身上，并不关涉名利，这里是标举出来学问生活的目标所在。这反映了当时学者未必为世所用的时势，抑或是有人提出了这样的主张。不过，提出这样主张的人，肯定是一个理解上述学问精神的人。这种精神不仅在柏拉图的学园、释迦牟尼的僧伽、基督的教会中所共通，而且即便到现在，也不失其共通性。以上三句中所呈现出来的学问的精神倘若失去了，那么一种活生生的学问也就不可能存在了。

这里有宏阔的视野，有入微的体会，有精彩的引申，其境界不是一般讲《论语》的学者所易达到的。又比如《为政》篇里孔子那节著名的自述"吾十有五而志于学，三十而立，四十而不惑，五十而知天命，六十而耳顺，七十而从心所欲，不逾矩"，明儒顾宪成称这是"吾夫子一生年谱，亦便是千古作圣妙诀"，出语甚简，陈义甚高。后人则每在孔子所志何学、立个什么等等不可能有确定答案的问题上作过深而无谓的凿求。和辻则把孔子六十以前的所历全视为普通人的普通境遇，以之为"适用于所有人的人生阶段"，从这里正"彰显了孔子作为人类教师的意义"。这个看去卑之无甚高论的体会，或反而是能使广大读者更觉亲切、更能从中得到启示的。

就这样和辻把《论语》中尤其是跟孔子生平事迹相关的章节做了诠释，多有常人所不能道的可圈可点之处，读者不难覆按，自无需在这里多加引录，但我依然不避累赘，忍不住要在这里再引述一下和辻对《论语》

阅读方法的提示。在序言中，他开宗明义表示他的"志向在于让那些至今还从未接触过孔子的人，也会有一种想要将《论语》熟读玩味一番的兴致"；在第四章"孔子的传记及语录特征"中，他苦劝想要接近孔子思想的读者"反反复复熟读《论语》"，因为"《论语》中藏有无数的珍宝，而且是不能用其他的语言来重新讲述一遍的。而且，这些孔子的话都凝结成了一些非常漂亮的句子，唯其如此，原初型的思想家孔子才会成为一位永远的思想家"，而孔子语录的样式乃是独具特点的：

毫无疑问，《论语》中孔子的话，都是为了传递孔子的思想，然而，这并不是单纯地将一些具备客观意思的内容，以一种逻辑的方式讲述出来。孔子本人，在向弟子说教的时候，也有可能是将他的思考建立在一种缜密的秩序之上加以论述，但就《论语》而言，书中所收录的均是那种短小的、格言式的命题。这当中也可以分为两种类型，一种记录的是孔子和弟子之间的问答，还有一种则是完全独立的命题。问答，是和孔子的言说方式密切联系在一起的。孔子的问答，不是用语言将一种定义确切、毫无歧义的思想表现出来，而是以孔子和弟子从人格层面的交流为背景，展现一种活生生的对话关系。由此，在对话之中，孔门弟子们的人物和性格，其问答进行时的境遇等等，均可以被掌握到。这就成为这些对话的一个背景，并为这些对话的命题带来了更多意蕴和话外之音。然而，孔子的对话，并不像是苏格拉底的对话，是对问题进行一种理论上的展开，而是以弟子问、老师答这样的形式就能完结的对话。也即是说，这些对话都是一个回合即决定胜负。因此，这些对话只针对关键之处展开。孔子的回答，以一种非常简洁、锐利甚或是一种立意新奇的形式被刻画了下来。

因此，"我们在阅读、玩味这类问答的时候，不仅仅只是一种逻辑上的思想运动，而是能感觉到，我们和那些孕育了这些思想的人，有了活生生的接触"。因此在对《论语》进行文本梳理、语句分析的同时，他还这样以诗人的眼光来欣赏《论语》，以哲人的心灵来体悟《论语》，而这样的眼光与心灵，在诗人哲学家和辻哲郎的身上获得了有机的统一，也在他的这本不同凡响的《孔子》中获得了充分的展示。

傅杰

2021 年 5 月

序

　　要写一本关于孔子的书，自己实则素无研究，也无学养，更无准备。完全是因为小林勇君的要求，才让我硬着头皮把这本书写了出来。不过，既然书已经写成了，该为此承担责任的也就是我一人而已。我已经心甘情愿横于俎上了。

　　因为上述缘由，这本书里恐怕有一些谬误连我自己都未曾注意到。不过，我的志向在于，让那些至今还从未接触过孔子的人，也会有一种想要将《论语》熟读并玩味一番的兴致。如果我的这一志向未能成功，那造成的后果，也无非是那些至今未曾读过《论语》的人还是不会读这本书而已。如果我的志向有幸获得了成功，那么，随后还有不可胜数的专家对《论语》的注释和研究成果，自己的这点谬误想来也不会误导他人。尽管这么说，但对那些已经熟知《论语》的人而言，这本书也并非全然没有一点用处，恐怕也能起到一些他山之石的效用。

本书所援用的《论语》，均基于武内义雄氏所校订译注的"岩波文库"本。对于这一版《论语》的原文及日文译文，专家之间似乎也不尽赞同。然而，自己在多番比较研究之后，认为这便是最好的《论语》文本，因此引文部分悉数依据武内氏的日文译文，武内氏所添加的注释，也悉数援引。此外，我从藤原正氏所编纂、翻译的《孔子全集》处，也获益良多。这部《全集》是藤原氏的苦心之作，使用起来极为便利。学养未备的自己，总算是写成了这样一本不成样子的书，完全有赖于二氏的工作。

昭和十三（1938）年八月

著者

再版序

    如今得到了岩波书店的谅解，稍稍加以增补，并借植村道治君之手，实现了此书的再版。增补之处，如卷末附录的开头处所言，是关于武内博士《论语之研究》一书的内容。

昭和二十三（1948）年三月

著者

CONTENTS 目录

一、人类的教师：

释迦牟尼、孔子、苏格拉底、耶稣

释迦牟尼、孔子、苏格拉底、耶稣四人，在很早之前就被推举出来，称作"世界四圣"。这一说法大概是明治时期我们日本的学者最先提出的，在这里就没有详加考证的必要了。但是，这种所谓"四圣"的说法，却包含着一种态度，即不是只偏向于西方，而是能够广阔地纵观世界的文化。印度文化以释迦牟尼为代表，中国文化以孔子为代表，希腊文化以苏格拉底为代表，征服了欧洲文化的犹太文化则以耶稣为代表，这是将此四种文化及四个人物都平等地予以极高的评价。那么，为什么这几个人物，就能够代表这几种庞大的文化潮流呢？任何一种文化潮流肯定都包含着极为丰富的内容，绝不可能简单到能以一个人就完全代表的程度。然而，人们却选出这几个人物作为这几种文化潮流的代表，而且其他人也会感觉到合适，这究竟是为什么呢？我自己认为，这几个人物能被选出来，因为他们都是"人类的教师"。

这一答案，粗看恐怕会让人觉得有矛盾之处。其原因在于，这几个人物都被视为几种相异的文化潮流的代表，因此势必要展现出不同文化潮流的特异之处，倘若将其奉为人类的教师，就无法展现出这种文化的差异性了。其实，这当中并无矛盾。之所以感到矛盾，因为我们拘泥于一些极其抽象的设想之中了，例如"完全不带一丝特殊文化色彩的、普遍的人类的教师"，又或者是"完全不承担任何一种普遍意义的、绝对特殊的文化"。在现实的历史中，不受到任何一种文化传统的束缚和限制，绝对普遍意义上的人类的教师，从来没有出现过，恐怕也不可能出现。此外，因为"文化"这个词本来就表示一种普遍的定义，那么不可能有哪种文化只以一种特殊文化的姿态存在，而完全不带一丝普遍性。这种事物从来没有出现过，恐怕也不可能出现。最特殊的事物，包含有最普遍的意义和价值，这一点绝不仅仅适用于艺术作品，人类的教师也是同理。

我们在这里用了"人类的教师"这样一个词语，但并不意味着我们认同存在"人类"这样一个统一的社会。即便到了现在，世界往来已经如此活络的时代，地球上的每个人想要完全融入一个统一体之中，恐怕还有很长的路要走。更何况在上面的四圣出现的时代，映入他们眼帘的人，不过只是地球上所有人中的一小部分罢了。孔子想要教化的是黄河下游的人，其地域面积大体相当于日本的一半；释迦牟尼想要说法的对象不过是恒河中游狭小地域中的人们而已；到苏格拉底的时候，则只以雅典城的市民为交谈对象；耶稣的活动范围不过是一个纵四十里、横二十里的小地方罢了。尽管如此，我们仍旧称他们为"人类的教师"。这种情形之下的"人类"，既不指向地球上居住着的所有人，也不指向人这样一种生物。进一步讲，这个"人类"，也不指向一种同"封闭社会"（或曰"人伦社会"）相对立的"开放社会"。倘若没有了一个个小的人伦组织结构，也就谈不上什么人类的生活。实际上，这四位"人类的

4

教师"所教诲的内容主要都是人伦的道与法，并没有什么人伦社会以外的内容。他们之所以是"人类的教师"，因为在任何时候，在任何社会中的任何人，都可以接受他们的教诲。从事实性上讲，他们直接教授过的人极其有限；但是从可能性上讲，他们却可以教导任何人。正是在这一点上，他们拥有"人类的教师"这一资格。因此，这种情形之下的"人类"，指的不是事实上的哪个人，而是在任何地方、任何一种历史之中的任何人。因此，这个"人类"，并非一种事实，而是一种"理念"。

一般认为，人类的教师所具备的这种普遍性，是基于教师的人格与智慧。如果是这样的话，那么，在直接见到这些教师的活动的人当中，必定有一些人能直接洞察出他们作为人类教师的品格。因此，讲述这些教师生平故事的人，往往会描绘出一些少数人，他们在这几位人类的教师并不为周遭所承认，反而最受迫害、最受侮蔑的时候，就承认了他们作为人类教师的地位。不过，只有少数人承认其为真正的教师，而大众并不予以承认的人，果真就是人类的教师吗？在任何时候，任何社会之中，都存在着一些为少数狂热信徒所环绕的教师。现如今我们的社会里，这样的例子同样不胜枚举。这样的人，在世界的历史中，成千上万地出现过，随后又如同泡沫般消失了。因此，少数者的洞察，并不能最终决定谁能成为人类的教师。

那么，如果大众直接对眼前的某位教师的人格和智慧进行礼赞呢？这种情况下，这样的人是否会在生前就成为人类的教师呢？很遗憾，事实并非如此。大众所礼赞者，未必都是优异之人。可以说，天才之人，在生前就受到大众欢迎的例子往往才是极少数。更不用说，被誉为"人类的教师"之人，在他们的时代就受到大众承认的例子，一个也没有。作为人类教师的深刻智慧和伟大人格，很难轻易为大众所瞩目。受到大众的礼赞，在生前就确立了伟大地位之人，并非人类的教师，而应当被称为"英雄"。当然，在这种情况下，并非所有受到大众礼赞之人都完全是英雄，大众屡屡将稻草人也错奉为英雄来礼赞。但是，在生前没能获得大众礼赞的英雄，一定是不存在的。在这一点上，人类的教师和英雄之间的差异就一目了然了。是否成为人类的教师，同样不取决于是否获得了同时代大众的承认。

那么，人类的教师在被承认为"人类的教师"之前，都经过了一个什么样的过程呢？换言之，人类的教师是怎样获得这种普遍性的呢？

一般而言，从人类教师的传记来看，人类的教师都有很好的弟子，这当中有被称为"十哲""十大弟子""十二使徒"之类的优秀人物。这样的弟子往往坚信自己的老师是真正的"道"的体悟者，或曰"仁者"，又或曰"觉者"。同时代的大众无论怎么迫害其师、侮蔑其师，这种信念都绝无动摇。但如果仅仅只是这样的话，就和前面说过的能够坐拥狂热信徒的教师没有什么区别了。更主要的区别并不在这里，而在于接下来的事情。其师被毒酒赐死，或者受十字架之刑而死之后，或者未能尽享天年，满足地死于二三个自己的弟子之手后[①]（《论语·子罕·十二》），弟子们仍旧会致力于宣传其师的道与真理。这种努力很快就开花结果者，乃是苏格拉底。其弟子柏拉图和徒孙亚里士多德，很快就完成了其师的事业，创造出了西方思想的源头。其弟子的伟大事业受到世人承认以后，苏格拉底也就作为灵魂永远活在了弟子们的事业之中，因而不得不被认定为更伟大的教师。至于其他三人，则弟子们的努力往往历经了一代、两代，仍未完结，现如今留下来关于他们的最古老的资料，均被认为是由其徒孙辈编定。关于释迦牟尼，《阿含经》中最古老的部分是这样；关于耶稣，《保罗书信》和《福音书》也是这样；关于孔子，恐怕也是完全一样。《论语》中最古老的部分也只是其徒孙辈为了教诲更晚一辈的弟子而记录下来的内容。因此，想要根据其中最古老的记录来了解这几位教师，最多也只能站在曾徒孙这一辈的角度了。但是，这也意味着这些教师的人格和思想，经受住了时间的考验，能够贯通几个世代，产生了影响。而且，他们产生的这种影响，随着时间推移，其感化的力量还在不断增大。纵然他们在自己生前只能感化少数几个人罢了，但随着时间的推移，受其感化的人数反而不断增加。这样一来，从未能够感化同时代大众的教师们，却在历史的长河中，感化了更多的普遍大众。由此，他们伟大教师的身份无可撼动地得到了承认。

然而，这几位伟大的教师想要获得一种普遍性，成为人类的教师，还需要一种重大的契机。那就是孕育了这些伟大教师的文化，要作为一个整体，成为日后出现的文化的模范，也即它们的教育者。反过来说，这些古代文化，在孕育出这些伟大教师的同时，也就到达了自身的巅峰，并暂时走向完结。孕育了苏格拉底的希腊文化，经由弟子和徒孙将其师的伟大构筑起来时，也就迎来了最终章。之后便是这种希腊文化向世界传播的时代，即希腊化时代，再往后则是在这种文化的影响之下形成的罗马文化。即便日后为东方的宗教所征服，基督教教会内部的哲学思索，仍旧在苏格拉底及其两代弟子的深刻影响之下。更往后，在打破了东方宗教统治的欧洲，哲学的模范不仅是承认苏格拉底及其两代弟子，而且往往认为这种新文化的魂魄，是希腊文化的重生。在这样的情形下，雅典的伟大教师苏格拉底，就获得了作为人类的教师的普遍性。与之相似，孕育了耶稣的犹太文化，自保罗将其神学基础筑牢以后，其身影就消失在了罗马的世界帝国之中。然而，这种消失绝不意味着其存在的消亡，这样一种不可思议的文化当然还存在。但是，和《旧约》中的那些文艺作品被创造出来的时代相比，甚至是和当初犹太人以死海一隅为据点的时代相比，保罗以后的犹太文化，都已经呈现出了完结的旨趣，并且就这样保留在了《旧约》中。不过，这种犹太文化和耶稣的福音相结合，征服了罗马帝国；再到了中世纪的时候，征服了整个欧洲。这样，使欧洲诸民族将其背负的各族传统通通抛弃，并且让他们坚信，《旧约》所传为人类唯一正确的历史。以一族之文化，对他族进行教育，能够将感化浸润到这个程度，这是独一无二的例子。即便进入近代，在希腊文化重生以后，这种感化也不易衰退。又或者可以说，只是在欧洲有所衰退，却在世界其他地方实现了复苏。在这样的情形下，耶稣作为犹太人的救世主，却获得了作为全人类的救世主的普遍性。

那么，释迦牟尼又是如何呢？孕育了释迦牟尼的印度文化，在他之后就迎来终章了吗？我认为是这样的。为了回答这一问题，我们必须反省，所谓"印度"究竟是什么。印度，并非像希腊或者罗马那样，是一个国家或者一个文化圈的名称；印度和欧罗巴一样，是一个地域的名称。这个地域之内居住着多种民族，各式各样的国家先后兴亡，各式各样的文化在此形成。从印度以西过来的雅利安人侵入这一地域，并在恒河流域定居，从《吠陀》到《奥义书》的文化先后形成之后，释迦牟尼才出现。这里有着牢固的四姓制度，基于贵族政治，小国林立。作为对这种古老文化传统的革新者，释迦牟尼尝试挑战婆罗门的权威，摒斥"我"（Ātman）的形而上学，从内部打破四姓制度。在这里，我们不得不说，释迦牟尼是对一种悠久古代文化的否定性的总结。果然，释迦牟尼死后五十年（或者是一百五十年），在亚历山大的影响之下，印度地域建成了一个前所未有的大帝国，这颠覆了一直以来压制武士阶层的婆罗门的权威。印度社会，由此就和释迦牟尼以前的印度社会产生了差异。而后，希腊人入侵印度西北，建设成了希腊风的城市和国家。再往后，斯基泰人由北进入印度，建设成了强大的国度，势力范围甚至延及恒河上游。不得不说，释迦牟尼以前的古代文化，到这一时期已经一度中断了。不过，作为一种古老文化结晶的释迦牟尼的教诲，却教育了这些新的国度。因为佛教兴隆而闻名的阿育王，深深沉醉于佛教之中，这一点通过其遗留下来的碑文能明显看到。他想要打破四姓的差异，在政治之中注入慈悲。而后，希腊人在进入印度之后也被佛教所感化，知名的《那先比丘经》便是明证。再往后的斯基泰人受佛教的感化，可以见诸迦腻色伽一世的事迹。佛教在教化这些新的国度和民族时，自身也不断革新。为了教化这么庞大的帝国，一种"转轮圣王"的理想被创造了出来，这是释迦牟尼的时代未曾想过的。在教化希腊人和斯基泰人的时候，过去印度人未曾想象过的佛像雕刻也开始了。从《吠陀》到《奥义书》，印度人在表现思想时只运用过抒情诗这一种形式而已，而从这一时期开始，有着戏曲般结构的佛教经典就被创作出来了。就这样，佛教当中元气淋漓的大乘佛教迎来兴盛，华丽的艺术和深远的哲理并行展开。这样的大乘佛教从印度向北，传播到中亚地区，也逐步东渐，影响日本。在这种情况之下，四姓制度社会之下的"觉者"释迦牟尼，就获得了作为人类"觉者"的普遍性。

那么，最后的孔子又是如何呢？如果要说孕育了孔子的中国文化，在孔子之后就走向了终章，恐怕没有人能够同意。印度在中世纪以后受到伊斯兰信徒的蹂躏，佛教被驱逐，作为佛教之地的印度全然成了过去。或许有人会说，在中国，孔子之教，不是在汉代迎来了繁荣，在唐宋也迎来了繁荣，在明清同样迎来了繁荣吗？然而，我所见并非如此。孕育了孔子的先秦文化，在战国时代就已经宣告闭幕了。在这里，我们也需要铭记一点，那就是所谓"中国"，与"印度"一样，更近于一个地域之名，而非一个国家之名，或者一个民族之名。在这个地域之内，种种民族融合交替，种种小国相继兴亡，这和欧罗巴之中，继希腊、罗马之后，种种民族相互混杂，近代诸多国家相继兴盛的情况并无二致。先秦文化，完成于传说中的周文化，至其末期的春秋时代迎来反省，而后因为战国时代的混乱与破坏，因此让位于新的文化。这和希腊演变为罗马，几乎有着相同的意味。战国时代，中原与戎狄的融合，已是显著的事实。由此，在结局中成功实现大一统的秦国，也是同突厥、蒙古融合得最明显的一国②。继承这一统一大业的汉，同样发源于异民族融合最显著的山西地带。换言之，到这个时候，黄河流域的民族已焕然一新。由此，其社会结构也全然变了一番模样。当然，汉代也继承了先秦文化。然而，人们一般都说，罗马征服了希腊，但在文化上却反过来为希腊所征服。先进文化，能教化后来的民族，这在中国和欧罗巴均如出一辙。同样，罗马文化不应当被视为希腊文化的一个发展阶段，秦汉文化也并非先秦文化的一个发展阶段。不断受到希腊文化教育的罗马最终发展出了罗马文化，不断受到先秦文化教育的秦汉也最终发展出了秦汉文化。如果能正视这一层关系，那么，孔子作为一种文化的总结而出现的说法，就没有什么可怀疑的了。

中国的民族，常常被称作"汉人"。然而，"汉"其实只是中国这一地域之内一个时代的国名，并不宜于用来指称这一地域之内的所有民族。汉代黄河流域的民族，是创造了周文化的民族之中混杂了异民族后的产物，当然，这一民族也持续了四五百年之久，从汉末到隋唐，又迎来了一次壮阔的民族融合过程，蒙古人、突厥人、西藏人相继加入。这一时期，与之前不同的是，异民族的人在黄河流域自己建立起了国家，这便是所谓"五胡十六国"，其交替之频繁可见一斑。不过，这当中也有如鲜卑人所建立的北魏那样盛极一时的国度。鲜卑人，实则就是蒙古人。这样的状态持续了两三百年之久，其民族构成势必发生了新的变化。因此，随后迎来的隋唐统一时代的中国，从文化上讲，和汉文化有着显著的区别，也就在情理之中了。这一时代美术、文艺的形式，事实上发生了彻底的变化。这样的统一时代持续了三百年，唐末五代之际，突厥人再一次进入黄河流域，建立了国家。接下来进入宋代，北边的蒙古族契丹国同样非常强大，以至于西方对中国的称谓经历了从Kitai 到 Cathay 的演变。这种情势让满洲民族也实现了崛起，最终建立了从满洲跨越到黄河流域的、强盛的金国，为中国以北注入了满洲民族的血液。宋一方面被迫向扬子江流域迁移，另一方面也和南方诸民族实现了同化，在这里实现了强有力的民族融合。这之后就是成吉思汗所统率的蒙古人，由北方开始压迫边境，灭了金国、南宋，将中国全境都纳入元的有力统治。进入中国，统治中国的诸民族，却并不为中国文化所同化，相反，试图将本族的风俗加之于中国的诸民族，就是始自蒙古人。元的统治不过百年，但是却彻底压制了中国本来的知识阶层，或者说完全消灭了这一知识阶层也不为过。元末所掀起的反抗运动，全部是当地农民发动起来的，没有一个读书人参与其中。这样延绵不断的民族入侵持续了三百年的时间，而后终结为明的统一，但这个时候明的文化，已经和唐的文化有了显著的差异，这一点也是情理之中。唐的制度尽管被当时定为永世不变的模范，但到了明代却有了根本的改变，极端的君主独裁制度也被创立出来了。律令、兵制，都有了改变。社会组织也发生了改变。现代仍存在的乡党制度，可以说正是在这一时期奠定的基础。此外，与唐宋时期丰赡、华丽的诗文相比，明代的特征则体现在《水浒传》《西游记》《金瓶梅》这样的作品之中。与唐宋时期醇美的雕刻绘画相比，明代的特征则体现在宣德、嘉靖、万历的陶瓷、剔红、填漆等之中。此外，在学术领域，与唐宋时期佛教哲学和儒学的隆盛相比，明代的创造力则可谓明显的空疏。这一倾向，历经清朝，并一直延续到当下。

从以上可见，同是在中国这一地域之下兴起的国度，秦汉、唐宋和明清，其相异程度堪比罗马帝国、神圣罗马帝国和近代欧洲诸国。欧洲始终将拉丁语作为书面语言来使用，但即便如此，也不好说欧洲文化就是一以贯之地延续了下来。与之相类似，中国的古典也延续不断地被阅读，自古以来的汉文未曾中断地为人们所使用，但也不好因此就说先秦文化、汉文化完全一贯地延续了下来。即便如此，也有说法认为先秦、秦汉、唐宋和明清，乃是同一种文化的不同时代，而且这主要归因于"汉字"这一不可思议的文字形式。本来，文字就是"书写下来的语言"，和"说出来的语言"相对立。当语言要付诸视觉形象时，既可以用一种形象，将语言的意思直接表现出来，也可以将表达这一意思的声音，以记号的方式表现出来。现代世界使用得最广的是始于腓尼基的表音文字，每一个字只表一个音，一个个字排列起来，就表示一定音的连续体。到这个时候，讲出来的语言终于得到了书写呈现。因此，即便一个个的文字可以是共通的，但借这些文字来表现的语言却可以是全然不同的。不仅如此，为了尽可能忠实于发音，即便同样一种语言，产生分化的倾向也是存在的。例如，同样是拉丁语，在不同地域就会发生讹变。如果完全按照发音来记录的话，就会形成与拉丁语相异的意大利语和法语。然而，这种分化的倾向对古代文化传统的保存会产生不便。因此，会出现一些情况，早先出现的文化，其文字仍旧保持不变，但每一个字所表示的语音却发生了改变。法语为了维持其拉丁语的源流，就忠实地袭用拉丁语的拼写，但用来表示不同的语音连续体，便是一个例子。步入近世之初，当法国人想要从拉丁文中获得解放，开始书写本国语言的文章时，法国人便使用能够忠实记录自己语音的拼写。不过，这便呈现出了一种同自己的拉丁文化根源相分离的观念。因此，这一运动很快发生逆转，变为一种尽可能按原样保留拉丁语拼写的运动。与 tempus 写得几乎相同的 temps，却可以用来表示法语里 ta 这样的发音③，就是一个例证。因此，即使是拼音文字，也并非彻底地表示这一发音，文化的传统会阻碍这种彻底性。那么，或许有人会认为，倘若用别的文字样式，即直接表现其意义的象形文字，其独特的生命就能够得以保存了。在与腓尼基非常相近的埃及，自古以来就有了象形文字，这也是书写文字的一种。然而，埃及的象形文字由于被腓尼基的拼音文字所取代，最后灭亡了。从实用性上来讲，恐怕它并不能与腓尼基文字相匹敌。而汉字，虽然可能在很大程度上发端于象形文字，但最终克服了象形文字直观上的繁杂性，约有一半实现了表音文字的功用，从而能够直接表义，其发达程度相当之高。其原因之一，恐怕是在中国域内创造了文化的民族讲的是单音节语言。然而，在我看来，最有力的原因当属于汉字的本质是通过视觉形象来表达意思。语言一定要通过声音来表现，但是，并非只有表现声音的记号才是文字。不经由声音这一媒介，直接表现其意义，同样也属于文字。如果写下来的形象并不会给使用带来任何不便，那么毋宁说，作为文字而言，它完全没有偏离其本质。汉字，在直观性和抽象性上实现了适度的交错，作为一种书写合宜的象形文字，它成功了。一旦这种便于书写的文字创立起来，它就会发挥出和表音文字不同的效用，即同一个文字，可以用来表示声音不同的语言。即便语言因为地方差异产生讹变，文字上的表现却可以是始终如一的。此外，即便随着时代的演变，语音发生了变迁，文字也可以丝毫不变。正是因为汉字的这一机能，中国域内显著的方言差异也好，随着时代而产生的显著的语言变化也好，可以说都在很大程度上被隐去了。在现代中国，如果使用一种完全忠实于语音的表音文字的话，那么其语言的多样性恐怕与现代欧罗巴相比也毫不逊色。此外，如果中国古代的语言用表音文字来记录的话，那么，先秦、秦汉、唐宋的语言与现代语言的差异之处，恐怕也和古希腊语、拉丁语、日耳曼语同现代欧洲语言的差异之处不分高下了。然而，汉字可以打破所有的这些差异，实现一种共通。也就是说，"写下来的语言"，无论地域，也无论时代，全是统一的。换言之，中国域内，两千多年的时间内都由同一种语言在支配。作为一个文化圈统一的象征，汉字是一种不能无视的、强有力的存在。正是基于此，我们才会认为先秦文化和汉文化是同一种文化的不同时代，其根源就在于此。袭用了腓尼基文字的诸多文化国恐怕很难都归入腓尼基文化圈之中，与之相仿，袭用了汉字的我们日本文化，同样很难被归入中国文化圈。汉字正是基于其自身的性质，也可以用来表示日语，在语言学上这是性质完全不同的一种语言。日语的"ヤマ（yama）"可以写作"山"，日语的"カワ（kawa）"

可以写作"河"，这类情况固然都有，但这些事实并不能直接表示我们国家的文化和中国文化是统一的。与之相同，文字的统一，并不能够直接抹杀先秦、秦汉、唐宋之间在文化上的差异性。

在我看来，我们如果要理解孔子是如何获得了作为人类教师的普遍性，就不得不正视以上事实。孔子是作为先秦文化的结晶而出现的，汉文化与先秦文化存在差异性，但孔子的影响依旧延续其中，并教化着汉文化；再往后的唐宋文化同样存在差异性，但依旧受到了孔子的教化。当然，汉代所理解的孔子，和宋代所理解的孔子，并非一个孔子。汉代的儒学是基于其所理解的孔子，创造了汉代文化，宋学也是基于其所理解的独特的孔子，创造了宋代文化。正是随着这一历史的发展，作为鲁国一夫子，孔子获得了作为人类教师的普遍性。在这一点上，孔子和其他人类的教师并无不同之处。

注释

① 原文为"无宁死于二三子之手乎?"。本书所有注释均为译者注。和辻哲郎以口语串讲《论语》大意处，则以注释形

式补充《论语》原文。

② "蒙古"一词原文如此，在日语中是一个泛称。

③ Temps，法语名词，可以表示时间、阶段、时态、拍子。Tempus 为其拉丁语词源，亦指时间。

二、人类的教师的传记

我们已经看到，人类的教师要想成为人类的教师，需要经过一个很大的文化运动。如果换一种说法的话，就是一种高度发达文化要凝结于一个教师的形象之中。这种凝结的过程，就需要有前面说过的弟子众人的感激和徒孙一辈的尊崇，以及尔后时代的共鸣、理解、尊敬等，大量地累加进来。这几位人类教师的感化真实无疑，因此，这类共鸣、理解、尊敬能够经受住时间的考验，并不断增大。另一方面，对于亲受过教师感化的弟子们而言，他们总是将注意力集中于自己教师的卓越之处和值得感悟的地方，因此也会对这些地方有愈加深刻的理解，从而形成上述那种累加效应的基础。这便是一般所谓"理想化"的过程。不过,这些人这么做并非要对教师的真实形象进行言过其实的美化。他们意识到,无论自己怎么努力地去理解自己的教师,都只会感觉到教师的人格和智慧深不可测。当然,他们也会不断努力接近教师的真面目。正是因为这种努力,对后面入门的弟子们而言,教师的感化力会变得更大。为什么会出现这样的情况呢?因为对于无缘直接接触到教师的弟子们而言,唯一能接触到的,都是前辈师兄们所传递下来的教师的形象,换言之,只能从教师的卓越之处和值得感悟的地方来接触到教师。因为这一层关系,随着世代推移,这种情况会愈演愈烈。这样一来,不同时代的人们都认为,人之为人的、最深的智慧与人格,都可以在这些教师身上窥见。这便是作为一个伟大的教师形象的凝结过程。如果这么看的话,人类的教师,只能说是在长时间的过程中,因为无数人所怀抱的理想而被创造出来的"理想人"的形象。

如果人类的教师是这样的一种"理想人",那么,有关他们的真正的传记,就必须被理解为上面所说的这种凝结的过程。这应当被视为一种文化史上的发展,而不是一种个人的生涯。然而一直以来，这些人类教师的传记都往往只是被理解成一个个人的生涯记录而已。因此，当我们追问这些传记中有多少真实性的时候，就常常不免有一些强烈的疑惑之感涌现出来。

苏格拉底不仅仅只出现在色诺芬的《回忆苏格拉底》一书之中，柏拉图卓越的诸多对话篇中，也对他有鲜活的描写。耶稣的生涯则在四福音书里有详尽记载。关于释迦牟尼的传记，则必须借助于从小乘经律到大乘诸经典的范围。而孔子呢，以《史记》中的《孔子世家》为首，《孔子家语》《孔丛子》中也有详尽的记载。如果读了这些传记，就原封不动地相信，当然也不会有什么问题。自古以来，多少人都是这样。然而，如果对这些传记产生疑问的话，那么，一些极为棘手的问题就会纷纷而至。

关于苏格拉底，其直系弟子色诺芬和柏拉图、徒孙亚里士多德，都有记叙留存于世，因此，看上去好像这些传记没有什么含糊不明之处。然而，对于那些想要尽可能严格地还原苏格拉底形象的学者而言，这个问题就绝非这么简单了。色诺芬所描绘的苏格拉底的形象，和柏拉图所描绘的，有诸多差异。即便只是柏拉图，其对话篇中不同地方的描写也不尽相同。而柏拉图和亚里士多德的描述，也存在差异。因此，即便他们所使用的素材是一样的，但基于解释人的立场不同，描绘出来的苏格拉底也就出现了不一致的地方。经由启蒙主义的通俗学者门德尔松之手，苏格拉底就是一个启蒙主义的通俗学者。借康德派之手描绘出来的苏格拉底，就是一个康德派的先驱、批判哲学家。浪漫派笔下的苏格拉底，则是基督教的先驱、神秘主义哲学家。历史学家格罗特①则鉴于雅典当时的宗教情势，将苏格拉底描绘为德尔菲神谕的宗教传道者。据他所言，苏格拉底的事业，主要就是宗教的灵感，以及一种活的辩证法。不过，黑格尔眼中的苏格拉底，是一个彻底的唯理论者，其哲学宣告了和古代信仰、风俗的彻底诀别。策勒尔②遵循这一源流，认为苏格拉底最早创立了"哲学"这一概念，发现了理论逻辑学的原理。而到了富勒③那里，苏格拉底则是一位思辨哲学者，精神形而上学的创始者。这类例子不胜枚举。

这些学者均是在原典中寻找根据，提出了自己的主张，绝非出于胡乱的臆测。然而，他们也如上所言，不能归结于一个答案。倘若如此，可见如果要了解真正的苏格拉底的形象，就必须将记载苏格拉底的这些基础性资料进行公开、透明的检视。严密的原典批判比什么都有必要。其实，原先这一类的研究也并不是没有进行到这般地步。哲学家、古典文学家施莱尔马赫就曾对色诺芬笔下的苏格拉底和柏拉图、亚里士多德笔下的苏格拉底进行过比较和讨论，其结论是色诺芬不可信，这一意见受到了广泛采纳。然而，真的要因为色诺芬没能完全理解苏格拉底的伟大，就将他对苏格拉底的记载完全舍弃吗？色诺芬并不像柏拉图或者亚里士多德那样，是一个有自己立场的哲学家，他只是单纯地讲述自己的见闻而已。那么，纯粹就是因为色诺芬未能理解苏格拉底的伟大，他连朴素地传达一下苏格拉底留给他的印象都不可以吗？如果这样想的话，对这些基础性资料，就有必要进行更加严密的重新检视。那么，这一类从文学视角出发的研究是否有发现什么一致之处吗？事实并非如此。例如，海因里希·迈耶的《苏格拉底》就是一项非常出色的研究，但与同样出色的泰勒④所研究的苏格

28

拉底，结论完全不同。迈耶试图根据这些基础性资料在产生时的不同情况，来确定其史料价值。那么，最有价值的说到底还是柏拉图的早期作品。在《苏格拉底的申辩》和《克力同篇》中，是一个已经将自己悬置起来、皈依于苏格拉底的弟子，以敬仰虔诚之心，忠实地描绘其师的形象。然而，其描绘技法卓绝精熟。因此，苏格拉底在这两本书中的形象，是一个消弭了自我、忠实于现实的天才艺术家所描绘出来的。在柏拉图对话录中，关于苏格拉底有史料价值的，是《拉凯斯篇》《小希比亚斯篇》《卡尔米德篇》，恐怕《伊翁篇》也数得上。这些是柏拉图狂热减退后，将苏格拉底的伦理辩证法以文字形式延续下来的产物。因此，这些内容是在苏格拉底死后，基于一种想要使他的人格始终活下去的意图，模仿出来的苏格拉底式的对话，并非对历史事件的描写。不过，就传达苏格拉底形象这一点而言，它具有史料上的价值。通过以上史料的考察，所能见到的苏格拉底，既不是学者，也不是哲学家，而是寻求唤醒伦理生活的传福音者。在上面所谈及的篇章以后，柏拉图在对话录里已经逐渐偏离苏格拉底了。《高尔吉亚篇》中所出现的哲学已不是苏格拉底的伦理辩证法。到了《会饮篇》，则出现了明显的转变，柏拉图的思想独立登场了。之后诸篇，无论怎么谈及苏格拉底，其实都是在讲述柏拉图的思想。以上所说，是迈耶研究的成果。然而如果要让泰勒来说的话，像这样尝试在柏拉图自己的著作中，完全区分开苏格拉底和柏拉图两个人，今天是根本做不到的。柏拉图著作中所出现的苏格拉底的语言，只能全部视为苏格拉底思想的呈现。这样的话，苏格拉底就成为了一个理念上的哲学家，至于哪个才是真正的苏格拉底，同样没有答案。

关于耶稣的传记，处女怀胎而生，能让死人复活之类的奇迹故事，已饱受现代人的质疑，从很早开始就有人尝试以更合理的方式对此加以解释。不过，一旦人们对《福音书》产生怀疑，那么，还将这些奇迹当作神话来讲就不容易被接受了。因此，也有人认为应当更彻底地对《福音书》整体的史料价值加以质疑。

产生这一看法的第一个依据在于，关于耶稣死于十字架的记录，在可以信赖的文献里完全没有出现过。一般认为最有力的文献是塔西佗的《编年史》，但这本书也是在公元后120年的时候写就的了，此时基督神话已经产生。塔西佗也并非依据什么有关耶稣处刑的罗马官方文书，只是将其作为一个神话采纳而已。第二个依据则在公元后一世纪的犹太人史学家约瑟夫斯⑤。他在其著作中记述了犹太人的诸多宗教流派，但是对于拿撒勒的耶稣这一派却完全没有提过一句。尽管如此，他的书中却出现了叫"耶稣"的人物。其中一个叫耶稣的，预言了耶路撒冷的没落。他被打得皮开肉绽，却连叫也不叫一声，不断遭遇挑衅却不回应，最终为石弹所杀。还有一个是加利利的耶稣，萨皮亚斯的儿子，是犹大的门徒，跟随水手和贫民谋生。另外还有一个耶稣，他是一个反抗罗马统治的海盗，因为一名同伴的背叛而被捕。他的追随者也将他抛弃，逃之夭夭。这些都是耶路撒冷被围攻时（公元69—70年）的事情，但都和所谓十字架上的死亡没有任何关系。他们与《福音书》中的那个耶稣不是同一个人。

如果不能靠《福音书》以外的材料证明耶稣在历史上的存在，那么，在《福音书》内有什么证据吗？对此，人们往往会举出巴拉巴的故事，他是在耶稣死于十字架之前被赦免了死罪的一个囚犯。不过，对批判者而言，往往正可以利用这个巴拉巴的故事，以论证耶稣的非历史性。Barabbas 就是 Bar Abbas，即"父之子"的意思。古代所写的"耶稣·巴拉巴"，实则就是"父之子耶稣"的意思。犹太人自古就有将父之子作为牺牲品的祭祀活动。父之子为了赎世界的罪而被杀掉，分享其肉其血，被称为"圣餐"。与这种秘密仪式相关的"耶稣·巴拉巴"之名应当是古已有之，并且广为人知。这一名字在很早的时候就和耶稣的十字架之死联系到了一起，一方面是耶稣的崇拜者们为了将他们的耶稣和民间信仰的"耶稣·巴拉巴"相区分，另一方面，则必须考虑到耶稣崇拜和"父之子"的牺牲祭典实在太过类似。耶稣以"犹太王"的身份，骑马入城，而后到被钉上十字架，一共是五天时间。而在萨克亚祭典⑥里，假面国王同样是骑马入城，最后钉上十字架，也是五天时间。两者太过类似。"父之子"的祭典往往也被认为与之有关，这一祭典当是耶稣最后故事的底本。十字架上的死，同样也是这一祭祀典礼的中心所在。在希腊化时代，西亚以及埃及都有各种各样的救世主及其相关的神秘仪式，其中的救世主均被钉于十字架之上，这便是死而复苏的神的基础所在。

《福音书》中能提供如上所示的多处证据。如果说到《保罗书》的话，那么就有无数证据，可以证明耶稣崇拜和这种神秘仪式有多么深入的联系。耶稣崇拜者们与异教的神秘仪式一样，会在"主的餐桌"，饮下与基督之血有关的酒，同时吃下与基督之体有关的面包。如果这样的圣餐早已经存在的话，那么也不难推测，应当同异教的神秘仪式相同，是一种类似的神秘仪式。这样的圣餐与神秘仪式，乃是耶稣神话的根源。

那么，这种神秘仪式中受到崇拜的耶稣究竟是谁呢？耶稣，是希腊名里面的 Iēsous，与之相当的希伯来名则是《圣经·旧约》之中著名的约书亚（Joshua）。巴勒斯坦地区的约书亚崇拜，实则就是耶稣崇拜，其证据见诸《圣经·新约·犹大书》。耶稣崇拜，即约书亚崇拜，早在基督教以前就存在了。

以这样的视角再来看《福音书》的话，则耶稣死于十字架的故事，当是从神秘仪式的相关戏剧中衍生出来的，而且相应的证据能列举出不少。《福音书》所记载的，并非一个实际存在的人物耶稣的传记。这是伴随着耶稣崇拜而产生的神秘仪式戏剧的脚本〔关于以上的耶稣神话，如果想了解更详细的内容，还请参看拙著《原始基督教的文化史意义》（原始キリスト教の文化史の意義）第41至63页，及《和辻哲郎全集》第七卷第31至43页〕。

对于以上带有批判性的诸说，我们并非直接接受。《福音书》的记录有疑点，以及这当中所记录的事情可以被证明是宗教想象力的产物，都不能直接证明耶稣这个人物不存在。不过，也不得不承认，面对上述批判，如果还想要积极地论证耶稣在历史上的实际存在，就显得非常困难了。《福音书》的记录，无论在多大程度上能够让人产生强烈的真实感，都无法充分地应对上述批判。一些杰出的文艺作品中所描绘的人物，却要比历史上的人物鲜活得多，这种事情屡有发生。我们想要了解历史上的那个耶稣，唯一的道路也只能是求诸那个创作了《福音书》的人，他是日后宗教想象力的源泉。

一般说来，《福音书》中成书最晚的《约翰福音》也是公元120年左右（即耶稣死于十字架之后的90年左右）的作品。此外，《约翰福音》是以逻各斯的思想来解释基督，其史料价值相对匮乏。关于这一点，即便是坚信《福音书》故事的历史性的学者，也不得不承认。不过，有关释迦牟尼的传记，其中最早的，也是在其没后一百年或者两百年之后的作品了。《律》的大品、小品，长部的《大般涅槃经》之类所记载的故事，往往认为不早于阿育王。即便是与释迦牟尼最密切相关的部分，也都让我们难以推算其入灭的年代。我本人对宇井伯寿⑦氏想要确证佛灭百年后阿育王出世的传说而进行的详细考证非常敬服，然而，宇井氏的说法尚非定论。因此，可以说在人类教师的传记中，最为模糊的就是释迦牟尼的传记了。

关于释迦牟尼的传记，有人想要将其解释为太阳神话，但释迦牟尼传并不会因此有所动摇。因为在《长阿含经》等早期经典中，就已经出现了一种倾向，不把释迦牟尼作为释迦族的圣者乔达摩这一历史人物来记载，而是将他的传记作为诸佛的常法来讲述，这就与过去七佛、毗婆尸佛等是一贯而来的。随着这种倾向愈演愈盛，佛陀的传记中充斥着大量的前世事迹。而且，它甚至都不限于地球上的这个世界。这样一种全无条理可言的宏大传记，究竟是不是历史的事实，答案不言而喻。如果根据大乘佛教的经典，将释迦牟尼比拟为太阳都不算什么，整个宇宙，乃至别的、更多的宇宙，都是释迦牟尼的舞台。

这种风格的释迦牟尼传记，即便不用学者来批判，也显然不是作为一个历史人物的释迦牟尼的传记。那么，对于那些想要真正认识历史上的释迦牟尼的人而言，只能舍弃这些全无条理的佛陀传记，将眼光投向佛教的早期资料中，即巴利语的经律藏、汉译的《阿含经》、小乘律等。不过，这些资料虽说内容庞杂，但还是不能和《四福音书》相提并论。其文本当中，有非常显著的时代先后层次，其中所谈到的故事和思想有非常明显的变迁痕迹。将其中的内容按自己的喜好，随意选取，就信为史实的人固然有之，但如果要严密地走进历史的真实，就要比照诸多异说，沿着其发展的阶段，慢慢地走进其中最古老的传说。除此以外，别无他途。如果这样进行考证的话，那么，所谓释迦牟尼乃是王子出身，在出门游观的时候觉悟了生老病死，父王为了不让王子出家，特别派遣了妓女，好让他沉溺于昼夜欢乐之中一类的故事，都显然是在这一传说的发展过程中才出现的，绝非其中最古老的部分。释迦牟尼乃是释迦这一豪族之子，释迦牟尼出生时的释迦一族，大概还处在贵族政治的阶段，不是所谓的国王。另外，对传说的考证揭示出，在释迦牟尼成道以前的故事，也不是最古老的部分。释迦牟尼的传记有一个时期主要记叙的是成道之始、开始说法、教化弟子、入灭。然而，在他成道之际，究竟悟到了什么，开始说法的时候究竟说了些什么，入灭的时候又留下了什么样的遗言，是什么样的遗容，众说纷纭，难以归结成一种答案。不过，被认为他在这些时期讲出来的法，本身却能呈现出一种发展的过程。这样一来的话，法本身就有了历史的先后层次。如果对此细心绅绎，那么同一个释迦牟尼，所讲出来的法当中，也能明显地看出一种思想史的发展过程。当然，这在一个人的思想当中是完全可以理解的事情。那么，究竟是从发展的眼光来看，有其初期阶段与最终阶段，还是将其视为同一时期的说法内容，就看对这些经典有多大程度的信心了。

我们借巴利语的经律和汉译《阿含经》所能大致得出，而又不至于讹误太大的结果是，这批经典中一定有最下的一层，而且是释迦牟尼的徒孙一辈将其说法的梗概和要领固定下来的。也即是说，想要找出比其徒孙辈所固定下来的内容更古老的内容已经基本不可能了。与之相反，在此以后形成的内容，则大量存世。这样的话，如果我们能够将释迦牟尼的徒孙辈所编的说法要领与释迦牟尼的传记进行严密地拼合，就能够首次站在其徒孙辈的立场上来看释迦牟尼。不过，即便要做到这些，也非常不容易〔对于历史上的释迦牟尼，要采用什么样的资料，以什么样的方法来探究，对此，请参考拙著《原始佛教的实践哲学》（原始仏教の実践哲学）的序论，特别是第47至131页，《和辻哲郎全集》第五卷第38至89页〕。

　　以上这样的人类教师的传记，均是记叙非常含糊的材料，究竟在多大程度上有着历史的真实性，非常难讲。那么，在这当中，我只选择了孔子的传记来讲，是有什么特殊之处吗？请读者试着随意翻开一本你手边的孔子传，每一本都以确信的姿态记叙了孔子的祖先、孔子的幼时、孔子的学业、仕官、周游、在学问方面的工作等等。如果这样的孔子传记是千真万确的话，那么，就只能认为，唯有孔子这一个例子和其他几位人类的教师有所不同了。然而，如果取《史记·孔子世家》，与前述这类孔子传进行比较的话，就能很快发现，这类孔子传均能祖述到这篇《孔子世家》。那么，这篇《孔子世家》真的如此值得信任吗？如果认定孔子辞世之年为公元前479年，那么距离《史记》编纂成书，尚有350年左右的时间。如果一篇在孔子辞世之后如此之晚才作成的传记尚且值得完全信任的话，那么前面三人也就不应该有任何问题了。然而，以中国的情况来说，与其他三人相异，这篇传记所写均为事实的可能性也是存在的。毕竟，《史记》乃是中国正史第一，司马迁的信者或者弟子，恐怕会认为我所写的是错的，只要没有什么反证，就不应当怀疑。持这一主张之人恐怕也是有的吧。那么，还是稍稍对《孔子世家》加以考察吧。

《孔子世家》是以什么作为材料，书写孔子的传记的呢？《史记》是正史，所以凭借汉帝国的巨大力量，司马迁能够翻检古代文书，只要可能的话，古代诸国的公家文书，也都可以作为材料来使用吧。然而并非如此，《孔子世家》中使用最多的，并非他书，只是《论语》而已。取材自《论语》的部分，全部加起来，可以数出六十八处；其次是《孟子》，有十四处；其次是《左传》，有九处；其次是《礼记》，有六处。倘若舍弃这些部分，余下来的几处只包括：

（一）孔子还是孩子时，经常陈列俎豆各种礼器，演习礼仪动作，以此为游戏。

（孔子为儿嬉戏，常陈俎豆，设礼容。）

（二）孔子十七岁时，季氏宴请士人，孔子意欲出席。阳虎则斥责道：“季氏宴请的是士人，没敢请你啊。”孔子因此退去。

（孔子要绖，季氏飨士，孔子与往。阳虎绌曰：“季氏飨士，非敢飨子也。”孔子由是退。）

（三）孔子得到鲁国国君的支持，与南宫敬叔共同到周去，见到了老子。临别之时，老子以言钱行：“聪慧明白洞察一切反而濒临死亡，是因为喜好议论他人的缘故。博洽善辩宽广弘大反而危及其身，是因为抉发别人丑恶的缘故。做人儿子的就不要有自己，做人臣子的就不要有自己。'"孔子从周返回鲁国，门下弟子逐渐增多。其时，鲁国国难日益凸显，孔子三十余岁。

（鲁南宫敬叔言鲁君曰："请与孔子适周。"鲁君与之一乘车，两马，一竖子俱，适周问礼，盖见老子云。辞去，而老子送之曰："吾闻富贵者送人以财，仁人者送人以言。吾不能富贵，窃仁人之号，送子以言，曰：'聪明深察而近于死者，好议人者也。博辩广大危其身者，发人之恶者也。为人子者毋以有己，为人臣者毋以有己。'"孔子自周反于鲁，弟子稍益进焉。）

（四）孔子四十二岁时，季桓子从土中挖掘出一个像羊一样的东西，孔子对此加以解释。此外，吴在攻占会稽的时候，得到了一块骨头，遣使向孔子寻求解释。孔子以禹的神话加以解释，使臣非常佩服。此外，季桓子为臣下阳虎所因，鲁国大夫以下纷纷僭越，偏离了正道。因此，孔子不再出仕，退而修整《诗》《书》《礼》《乐》。其弟子则越来越多，甚至从远方集中于孔子处。

（季桓子穿井得土缶，中若羊。问仲尼，云"得狗"。仲尼曰："以丘所闻，羊也。丘闻之，木石之怪夔、罔阆，水之怪龙、罔象，土之怪坟羊。"

吴伐越，堕会稽，得骨节专车。吴使使问仲尼："骨何者最大？"仲尼曰："禹致群神于会稽山，防风氏后至，禹杀而戮之，其节专车，此为大矣。"吴客曰："谁为神？"仲尼曰："山川之神足以纲纪天下，其守为神，社稷为公侯，皆属于王者。"客曰："防风何守？"仲尼曰："汪罔氏之君守封、禺之山，为厘姓。在虞、夏、商为汪罔，于周为长翟，今谓之大人。"客曰："人长几何？"仲尼曰："僬侥氏三尺，短之至也。长者不过十之，数之极也。"于是吴客曰："善哉圣人！"

桓子嬖臣曰仲梁怀，与阳虎有隙。阳虎欲逐怀，公山不狃止之。其秋，怀益骄，阳虎执怀。桓子怒，阳虎因囚桓子，与盟而醳之。阳虎由此益轻季氏，季氏亦僭于公室，陪臣执国政，是以鲁自大夫以下皆僭离于正道。故孔子不仕，退而修《诗》《书》《礼》《乐》，弟子弥众，至自远方，莫不受业焉。）

（五）在游历诸国的途中，孔子在郑国的时候，和弟子走散了，独自一人立于城郭的东门。郑人告诉子贡说："东门有个人，他的额头像尧，脖子像皋陶，肩膀像郑子产，可是从腰部以下比禹短了三寸，一副狼狈不堪、没精打采的样子，真像一条丧家狗。"子贡后来将这番话告诉了孔子。孔子欣然笑道："他形容我的相貌，不一定对。但说我像条丧家狗，对极了！对极了！"

（孔子适郑，与弟子相失，孔子独立郭东门。郑人或谓子贡曰："东门有人，其颡似尧，其项类皋陶，其肩类子产，然自要以下，不及禹三寸。累累若丧家之狗。"子贡以实告孔子。孔子欣然笑曰："形状，末也。而谓似丧家之狗，然哉！然哉！"）

（六）孔子向师襄子学琴，并且学到了其为人。

（孔子学鼓琴师襄子，十日不进。师襄子曰："可以益矣。"孔子曰："丘已习其曲矣，未得其数也。"有间，曰："已习其数，可以益矣。"孔子曰："丘未得其志也。"有间，曰："已习其志，可以益矣。"孔子曰："丘未得其为人也。"有间，有所穆然深思焉，有所怡然高望而远志焉。曰："丘得其为人，黯然而黑，几然而长，眼如望羊，如王四国，非文王其谁能为此也！"师襄子辟席再拜，曰："师盖云《文王操》也。"）

（七）孔子在卫国不得重用，准备西行去晋国，听闻晋国赵简子杀了自家功臣，故而引退了。

（孔子既不得用于卫，将西见赵简子。至于河而闻窦鸣犊、舜华之死也，临河而叹曰："美哉水，洋洋乎！丘之不济此，命也夫！"子贡趋而进曰："敢问何谓也？"孔子曰："窦鸣犊、舜华，晋国之贤大夫也。赵简子未得志之时，须此两人而后从政；及其已得志，杀之乃从政。丘闻之也，刳胎杀夭则麒麟不至郊，竭泽涸渔则蛟龙不合阴阳，覆巢毁卵则凤皇不翔。何则？君子讳伤其类也。夫鸟兽之于不义也尚知辟之，而况乎丘哉！"乃还息乎陬乡，作为《陬操》以哀之。而反乎卫，入主蘧伯玉家。）

（八）孔子在陈、蔡两国之间时，楚国派人来聘请孔子。陈、蔡两国的大夫想要设法作梗。楚昭王发动军队来迎接孔子，甚至想以书社之地七百里封给孔子。令尹子西则说，孔子有极为出色的弟子，并且有述"三五之法"、明"周召之业"的行迹。而楚国历来是无视周的权威的，孔子所为，对楚的立国之本是一个威胁。子西因此阻止了楚昭王的做法。

（孔子迁于蔡三岁，吴伐陈。楚救陈，军于城父。闻孔子在陈、蔡之间，楚使人聘孔子。孔子将往拜礼，陈、蔡大夫谋曰："孔子贤者，所刺讥皆中诸侯之疾。今者久留陈、蔡之间，诸大夫所设行皆非仲尼之意。今楚，大国也，来聘孔子。孔子用于楚，则陈、蔡用事大夫危矣。"于是乃相与发徒役围孔子于野。不得行，绝粮。从者病，莫能兴。孔子讲诵弦歌不衰……楚昭王兴师迎孔子，然后得免。

昭王将以书社地七百里封孔子。楚令尹子西曰："王之使使诸侯有如子贡者乎？"曰："无有。""王之辅相有如颜回者乎？"曰："无有。""王之将率有如子路者乎？"曰："无有。""王之官尹有如宰予者乎？"曰："无有。""且楚之祖封于周，号为子男，五十里。今孔丘述三五之法，明周召之业，王若用之，则楚安得世世堂堂方数千里乎？夫文王在丰，武王在镐，百里之君，卒王天下。今孔丘得据土壤，贤弟子为佐，非楚之福也。"昭王乃止。其秋，楚昭王卒于城父。）

（九）孔子六十四岁时，弟子子贡作为使者，成功完成了吴、鲁两国的交涉和解。

（其明年，吴与鲁会缯，征百牢。太宰嚭召季康子。康子使子贡往，然后得已。）

（十）第二年，弟子冉有为季康子统率军队，同齐国作战，打了胜仗。季康子向冉求问军旅之事。冉有回答说，军旅之事，均是从孔子那里学来的。季康子因此问孔子是谁，想要召请他。冉有回答说，只要别让小人们做孔子的同僚即可。当时，孔子在卫国，卫国大夫孔文子向孔子求教攻太叔之策，孔子推辞说不知道，想要离开卫国。恰好这个时候，季康子驱逐了公华、公宾、公林等小人，携币迎接孔子。孔子在暌违十四年之后，回到了鲁国。

（其明年，冉有为季氏将师，与齐战于郎，克之。季康子曰："子之于军旅，学之乎？性之乎？"冉有曰："学之于孔子。"季康子曰："孔子何如人哉？"对曰："用之有名；播之百姓，质诸鬼神而无憾。求之至于此道，虽累千社，夫子不利也。"康子曰："我欲召之，可乎？"对曰："欲召之，则毋以小人固之，则可矣。"而卫孔文子将攻太叔，问策于仲尼。仲尼辞不知，退而命载而行，曰："鸟能择木，木岂能择鸟乎！"文子固止。会季康子逐公华、公宾、公林，以币迎孔子，孔子归鲁。孔子之去鲁，凡十四岁而反乎鲁。）

（十一）《诗》过去有三千余篇，但孔子对其加以整理，定为三百零五篇。孔子将其谱入弦歌，兴起礼乐。

（古者《诗》三千余篇，及至孔子，去其重，取可施于礼义，上采契、后稷，中述殷、周之盛，至幽、厉之缺，始于衽席，故曰"《关雎》之乱以为《风》始，《鹿鸣》为《小雅》始，《文王》为《大雅》始，《清庙》为《颂》始"。三百五篇孔子皆弦歌之，以求合《韶》《武》《雅》《颂》之音。礼乐自此可得而述，以备王道，成六艺。）

（十二）孔子死后，葬在鲁城北面的泗水岸边，弟子们皆服丧三年。三年后诀别时异常悲伤，有的就又留了下来。只有子贡，在墓旁搭了一间小屋住下，前后守墓总共六年才离去。弟子及鲁国人，相率前往墓旁居住的有一百多家，因而这里就被称作"孔里"。鲁国世世代代都祭祀孔子之冢，诸儒也在孔子冢前讲习礼仪，举行乡饮大射之礼。孔子之冢有一顷大。孔子曾经居住过的堂屋，后来就改成庙，用来收藏孔子生前穿过的衣服，戴过的帽子，使用过的琴、车子、书籍等，直到汉代，二百多年都未曾断绝。汉高祖刘邦经过鲁地的时候也祭祀过孔子。诸侯卿相，凡是到任该地，都要首先去拜谒孔庙。

（孔子葬鲁城北泗上，弟子皆服三年。三年心丧毕，相诀而去，则哭，各复尽哀；或复留。唯子赣庐于冢上，凡六年，然后去。弟子及鲁人往从冢而家者百有余室，因命曰"孔里"。鲁世世相传以岁时奉祠孔子冢，而诸儒亦讲礼乡饮大射于孔子冢。孔子冢大一顷。故所居堂弟子内，后世因庙藏孔子衣冠、琴、车、书，至于汉二百余年不绝。高皇帝过鲁，以太牢祠焉。诸侯卿相至，常先谒然后从政。）

最后孔子之庙的情况，乃是基于著者司马迁自身的见闻。其他部分，均可以证明只是《论语》及《孟子》以后的传说而已。

第一条，孔子在孩童时代，就将礼仪作为一种游戏来演习，由此很容易让人想象出一个力陈礼教的师者的幼年时代。然而，这和《论语》中的这个句子发生了龃龉：

吾少也贱，故多能鄙事。（《论语·子罕·六》）

一个哪怕只是玩游戏，也能轻易设置出礼容的孩童，成长为一位伟大的教师后，却平淡地讲出一句"吾少也贱，故多能鄙事"，恐怕是不可能的吧。想象出所谓俎豆的故事的人，恐怕对上面这句话的意味体会得不够吧。如果想要再追问这种想象的根据何在，那恐怕是出自这一句：

卫灵公问陈（阵）于孔子。孔子对曰："俎豆之事，则尝闻之矣。军旅之事，未之学也。"明日遂行（去）。（《论语·卫灵公·一》）

仍是典出《论语》。当然，这里只是简单地借用了"俎豆"这个词就进行了联想，和孔子在这个问答中所表现出的那种强烈的反讽，没有半点关系。

第二条，所谓孔子十七岁时的故事，也是因为孔子少时贱，又是孤儿的缘故吧，这一传说的内核，恐怕在阳虎侮辱孔子这一点上。阳虎，是在第四条中又一次出现的、僭上的鲁国陪臣。想要颠覆正确的政治之道，这样的一个逆臣，也曾经侮辱过少年时的孔子。因为阳虎的原因，孔子才退出了季氏的宴请。而后过了二十五年，又是因为阳虎的原因，孔子退出了季氏的政治。这样一个扮演敌对角色的人，牵连进这样的一件事里，倒没有什么别的传说意味，只是为了针对孔子自己为什么没有从事政治活动这一问题进行说明罢了。这类说明，事实上有很多，最后竟然一直追溯到了孔子的少年时代。

第三条，关于孔子和老子的会见，自古以来就有很多人抱有疑问。作为一支与儒教相对立的、强大思想潮流的道家，在汉代以前就已经非常有影响力了。如果认为《老子》一书是要到战国时代才写成的话，那么，汉代的儒家们想要让老子和孔子实现这一会见也就不足为奇了。老子为饯别孔子而说的话，不要主张自我，也不要拘泥于理智，要虚我而顺应世事，在这一点上，可以说是用一句话就将《老子》一书的思想表现了出来。这一传说的核心就在这个地方。换言之，从这里可以窥见，孔子的学徒们也想要知道《老子》的思想。也有说法认为，为了问礼而去的孔子，却接受一个根本不曾触及礼之事的老子的教诲，未免太奇怪了。说起来，究竟孔子为了问礼而去周这件事是否真的存在，也不能确知。对周文化如此这般赞美的孔子，专程造访了周，也并非全然不入情理，不过，如果有这样的事的话，那在《论语》中应该多少有一点相关的话才对。然而，孔子对此一语未发。这个传说的核心，说到底，还是孔子与老子相见过这件事。这样的话，《老子》这本书，就未必一定比《论语》更古老。

第四、第五条，则非常浓墨重彩地展现了禹、尧的神话。禹在会稽山召集群神，然而防风氏却晚到，禹便将他杀了。还有，孔子的额头像尧，脖子像尧时担任大理一职的皋陶，从腰部以下比禹短了三寸。这类故事都属于神话。《论语》中并未见到这类故事。甚至可以说，《论语》所描绘的孔子是非常厌恶这类神的故事的。这个孔子会说起会稽山上众神聚会的故事，可以想见，这个传说和《论语》的性质有非常明显的差异。更进一步，如果我们认为《书经》中所记载的尧舜和三代的故事，均是在春秋末期或战国初期以后才开始形成的话，那么恐怕就可以说，在徒孙一辈所传达出的孔子言行中，神话的色彩非常之少，越是到了后来，这种神话的色彩才越发浓郁起来。

第六、第七条则是没有什么重大意义的故事，第八条楚昭王的故事则稍稍有些问题了。这当中应当是一个孔子也好，孔子的弟子也好，全然不知的故事才对。楚昭王想要给孔子分封土地，却被臣子阻止了。然而这一臣子阻止的理由是，孔子说先王之道，而且孔门弟子个个都要比楚王的臣下优秀。这段话，明明孔门弟子应该不知道才对，是怎样传入后世的呢？况且孔子真的能得到楚王及令尹这般地步的承认吗？楚是一个横跨扬子江两岸的南方国度，与孔子的活动中心地带相去太远。孔子往淮河流域的蔡国进发时，同楚国大夫叶公有过问答，这个对话见于《论语》。不过，楚王为了迎接孔子，一直发兵赶到遥远的淮河河畔，这么重要的大事记，竟然在《论语》当中全然不见痕迹，又是为什么呢？《论语》中残留下来的楚国的痕迹，不过就是前面讲到的叶公，以及一位楚狂人的故事罢了。而叶公说的话，不如说是反证了楚王兴师迎接孔子是不可能的。

叶公问孔子于子路。子路不对。子曰："女（汝）奚不曰：其为人也，发愤忘食，乐以忘忧，不知老之将至云尔。"（《论语·述而·十八》）

这一章的核心在于，子路没有对答。为什么没有答话呢？率直、一根筋、个性强烈，当然，也极其看重良心的子路，不会顺应着对方，委婉地对答。那么，为什么在这里需要委婉地对答呢？很显然，如果像子路这样率直地回答了，叶公肯定就不能理解孔子了。也就是说，叶公是一个不懂得尊重贤者又傲慢自大的俗人而已。孔子听闻此事，教了子路应对这类人物时的答话方式。孔子对子路说话时，采取的是一半安慰、一半嘲讽的态度，这个时候讲这样的话，也颇有一种趣味。孔子教子路说的是："你可以这么回答嘛：这个人啊，如果在这个世界上遇到了什么令人气愤⑧的事，会到了连饭都忘了吃的程度。而当他感觉到愉快的时候，则会瞬间忘记忧愁。就这么傻乎乎地，这个人在不知不觉之间就变老了。孔子，不过就是这样的一个人罢了。"这是从一颗热衷于道的至纯之心里发出来的声音，借此就可以从高处，俯看那样一个傲慢自大的俗人了。与此同时，对子路率直、一根筋的秉性，孔子一边是爱抚，一边是调侃。子路当然是打心眼里尊敬孔子，肯定不会认同用这样的说法贬低孔子。不过，因为孔子讲的这番话完全对上了子路的禀性，子路也只能笑着退下去了。就这样，这个在遇到叶公之后"发愤忘食"的子路，在孔子这里就笑着"乐以忘忧"了。这简直就是极富韵味的师徒之间的描写。当然，这当中对叶公的贬低也是显而易见的。叶公在和孔子问答时也是这个样子。

叶公问政。子曰："近者说（悦），远者来。"（《论语·子路·十六》）

孔子回答的意思是，既然难得碰到了（近者），那还是给予对方一些愉快感吧。这里也可以看出叶公乃是一个傲慢自大的俗人。再接着：

叶公语孔子曰："吾党有直躬者，其父攘羊，而子证之。"孔子曰："吾党之直者异于是，父为子隐，子为父隐，直在其中矣。"（《论语·子路·十八》）

孔子在这里是要告诫叶公，仅仅奖励合法性，并不能实现道。叶公，在《论语》中作为与孔子见过面的楚国大夫，就是以这样的一个面貌被记录了下来。可见楚国政治家是多么地不理解孔子。因此，如果信赖《论语》的话，楚国君主会兴师动众、迎接孔子之类的话，恐怕就不能相信了。

此外，与这个故事相关的是，我们需要看看《孔子世家》是如何使用《论语》中的材料的。这恐怕不是一个全无意义的问题。据《孔子世家》的记载，孔子到蔡三年，吴伐陈，楚救了陈。当时，楚听说孔子在陈、蔡之间，就派使者聘请孔子。孔子想要过去，以礼相拜。但陈、蔡两国的大夫认为，如果贤者孔子为楚国所用，自己的处境就会很危险了。

于是乃相与发徒役围孔子于野。（孔子）不得行，绝粮。从者病，莫能兴（起）。孔子讲诵弦歌不衰。子路愠见曰："君子亦有穷乎？"孔子曰："君子固穷，小人穷斯滥（窃）矣。"子贡色作。孔子曰："赐，尔以予为多学而识之者与？"曰："然。非与？"孔子曰："非也。予一以贯（行）之。"（《孔子全集》，一九五四）

以上《孔子世家》中，凡是打下着重符号的部分均是最开始收录在《论语·卫灵公》中的句子⑨。《论语》中一开始则写"在陈绝粮"，《孔子世家》中则取代"在陈"一句，代之以前述的楚国的聘请、陈蔡两国大夫的阻挠等事情。不过，这倒不是问题所在。"子贡色作"才是问题所在。《论语》中，"在陈绝粮"这一章和"子曰：赐"这一章是前后并列的。不过，这却是完全独立的两个章节。然而到了《孔子世家》中，原本在《论语》里并置的两章，则一起放进了这个"君子亦有穷"的场面里。这样一来，对应着"子路愠见曰"这一部分，插入了一句"子贡色作"，将和这一场面完全没有关系的"予一以贯之"问答放到了这个地方。这个问答本来是专门针对子贡的。子贡曾被孔子称为"器"（《论语·公冶长·四》[10]），也因为有卓绝的辩才智慧，甚至被人认为"子贡贤于仲尼"（《论语·子张·二十三》[11]）。"尔以予为多学而识之者与?"，孔子的这一问题，乃是问子贡的，这一点意义颇深。孔子想要向聪慧的子贡告诫的是，不要为学识所因禁，学识并非最终之物，一种最后的、统一的、唯一的实践原理才是最重要的。这和君子亦穷的特定场面完全没有任何关联。甚至可以说，孔子和子贡的对话只有在一种安静的、学究与问教的场面中才比较合适。更不用说，"子贡色作"这样一个句子，是完全没有任何必要的。借这个例子就能明白，《孔子世家》对《论语》材料的利用到了何种程度。

第九、第十条，子贡和冉有的故事也是一样的。子贡的外交故事，应当是基于子贡有极强的辩才这一点而衍生出来的。而冉有告诉季康子，如欲招徕孔子，当驱逐小人这样的故事，与《论语》中的这一章恐怕也脱不开干系：

哀公问曰："何为则民服？"孔子对曰："举直错诸枉（之人），则民服；举枉错诸直，则民不服。"（《论语·为政·十九》）

为什么这么讲呢？因为《孔子世家》中，紧随季康子聘请孔子的故事之后，就有这样的一节：

鲁哀公问政，对曰："政在选臣。"季康子问政，曰："举直错诸枉（之人），则枉者直。"康子患盗，孔子曰："苟子之不欲，虽赏之不窃。"然鲁终不能用孔子，孔子亦不求仕。（《孔子全集》，一九六一）

在这个地方，司马迁将《论语》中哀公同孔子的问答替换成季康子同孔子的问答。作为一名传记作者，司马迁肯定非常熟悉《论语》的，何以要做这样的调换呢？乃是为了写活季康子驱逐小人以迎接孔子这一传言罢了。那么，为何这一传言如此重要呢？其实是为了说明，十四年间流浪他国的孔子，是因为什么样的缘由回归了鲁国。这一说明，在《论语》中是找不到的。然而，对于想要写作孔子传的记叙者而言，这个说明却又非常重要。因此，可以猜想的是，记叙者将《论语》当中涉及季康子以及季氏同孔子及其弟子关系的几个部分，捏合成一个如上所述的孔子归国故事。《孔子世家》中，这一故事的最开始是孔子弟子冉有为了季氏，率师作战，并且打了胜仗。然而，从《论语》来看的话，冉有和季路（仲由）共同作季氏之臣，乃是在季氏伐颛臾之际（《论语·季氏·一》⑫）。这里的这个季氏究竟是谁呢？后面固然有说法认为这个季氏该是季康子，然而，《孔子世家》的记叙者似乎并未下如此确切的判断。司马迁在行文中谈到了一个孔子在流浪诸国以前，五十五六岁，侍奉鲁定公时的季桓子，还有一个孔子晚年时候的季康子，两者是分开的。关于前者，孔子让仲由担任季氏之宰，加入讨伐费的事业之中。关于后者，则是冉有为了季氏讨伐齐。从《论语》来看，冉有、仲由两人均为季氏之臣，像司马迁文中所言，两人各有分工，也不是完全讲不通。不过，这两种说法很难裁定哪一种是正确的。在这种情况下，如果一切的出发点是为了有一个孔子归国的故事的话，那么这一故事本身的真实性，也就基本可以推测出来了。不过，《孔子世家》的记叙者将孔子能够结束流浪生涯、进入晚年的安静生活这一功绩归入季康子名下，对于这样一种看法，实在是能引起人们的同感。何以这么说呢？因为《论语》中凡是记录了季康子的地方，都涌现出了非常多精彩的问答。如果要加以列举的话，在"举直错诸枉"这一哀公的问答后面，还有：

季康子问："使民敬、忠以勤，如之何？"子曰："临之以庄，则敬；孝慈，则忠；举善而教不能，则劝。"（《论语·为政·二十》）

司马迁在《孔子世家》中将哀公的问答和季康子的问答调换了一番，也有可能是因为这两人的对答在《为政篇》中是并列出现的。此外，关于季康子还有一例非常著名的问答：

季康子问："弟子孰为好学？"孔子对曰："有颜回者好学，不幸短命死矣！今也则亡。"（《论语·先进·七》）

《雍也篇》则将这一问答归入鲁哀公的名下，也即是：

哀公问:"弟子孰为好学?"孔子对曰:"有颜回者好学,不迁怒,不贰过。不幸短命死矣,今也则亡,未闻好学者也。"(《论语·雍也·三》)

后面我们还将谈到,《雍也篇》较之《先进篇》更为古老。据此,则将这一问答划定在哀公名下的看法,更为古老。不过,关于颜回的这样一番洋溢着感情的问答,也被认为和季康子有一定关联,可以证明,在孔门弟子看来,季康子是一个能够理解孔子的人。此外,同样在《雍也篇》中,还有一则问答:

季康子问:"仲由可使从政也与?"子曰:"由也果,于从政乎何有?"曰:"赐也可使政也与?"曰:"赐也达,于从政乎何有?"曰:"求也可使从政也与?"曰:"求也艺,于从政乎何有?"(《论语·雍也·八》)

这一问答非常出名,因为涉及孔子对子路、子贡、冉求(冉有)的批评。这一段能给人一种印象,孔子是打开天窗说了亮话,评判时没有什么遮掩。除此之外,还有:

季康子问政于孔子。孔子对曰:"政者,正也,子帅以正,孰敢不正?"(《论语·颜渊·十七》)

季康子问政于孔子曰："如杀无道，以（成）就有道，何如？"孔子对曰："子为政，焉用杀？子欲善而民善矣。君子之德风，小人之德草。草上（加）之风必偃。"（《论语·颜渊·十九》）

孔子在这些地方没有一丝嘲讽之意，均是非常亲切地加以教导。前面列举过的"季康子患盗"的问答也记载在这个地方。通过这些问答，可以认为，季康子是一个对晚年孔子极为尊敬的政治家。此外：

康子馈药，拜而受之。曰："丘未达，不敢尝。"（《论语·乡党·十六》⑬）

这一章，除了传达出孔子的举止动作之外，也透露出了孔子同季康子有非常密切的朋友关系。季康子听闻孔子生病，就馈赠以药，可见是一个体贴用心之人。而且孔子率直地感谢了他的诚意，接受了药品。不过，孔子为何"不敢尝"这个药呢？所谓的"未达"，是未达于什么呢？这个地方恐怕有很多种解释的余地吧。因为像孔子这样一个笃信天命的人，是否会像那些惜命的小人一样，汲汲于尝试各种药品，尚有一些可疑。不过，这些都无损两人之间深厚的情谊。

如果从上面的分析来看，《孔子世家》之中季康子的故事，是没有什么真实性可言的传说，甚至连《论语》中的材料都没有充分地利用上。后面还有第十一条，关于《诗》的编纂的问题。作为一个整体的《诗经》，究竟有没有这么古老，尚存一些疑问。不仅如此，关于《诗经》的编纂，在《论语》和《孟子》中都没有讲过。如果按《孟子》中所言，"王者之迹熄而《诗》亡，《诗》亡然后《春秋》作"（《孟子·离娄下》）的话，孔子之时，《诗》应该已经亡掉了。此外，《孔子世家》记为："孔子之时，周室微而礼乐废，《诗》《书》缺。"（《孔子全集》，一九六二）如果这个是真的，那和所谓的"古者《诗》三千余篇，及至孔子，去其重"云云就有矛盾之处了。《孔子世家》的记叙者只是沿用了汉代就已经有的、孔子编纂了传世本《诗经》这一传说而已，也没有什么依据，只是这样袭用了而已。

　　从以上各条来看，《孔子世家》中但凡不依据《论语》《孟子》《礼记》《左传》等书而写的部分，均是极度缺乏真实性的。这样的话，《孔子世家》本身的意义可以说就消失殆尽了。我们手里能留下来的，也只能是《论语》《孟子》《礼记》《左传》中有关于孔子的记叙而已了。甚至可以进一步说，《孔子世家》对以上文献记录极端地肆意妄用，反倒是抹杀了上述文献的价值。

那么，《孟子》这本书又如何呢？孟子是孔子之后大约一百五十年的人，较之《史记》自然是要古老得多。然而，《孟子》也并不是绝对和《论语》一致。《孟子》中所记叙的所谓孔子及其弟子们的话语，多达四十二三处，这当中和《论语》一致的，或者说在《论语》中能寻见类似语句的部分，仅仅只有十四五处而已。对于这一点，我们当如何理解呢？这些十四五处以外的部分是不是《论语》所遗漏，而确实又属于孔子的言行呢？这些言行是只在孟子这里得到了保存吗？不过，可以通过什么来确保其真实性呢？关于这一点，我们可以从《孟子》一书的内部见到一件很有趣的事情，那就是孟子本人对孔子之语的真伪本就是有批判的。例如：

咸丘蒙问曰："语云：'盛德之士，君不得而臣，父不得而子。'舜南面而立，尧帅诸侯北面而朝之，瞽瞍亦北面而朝之。舜见瞽瞍，其容有蹙。孔子曰：'于斯时也，天下殆哉，岌岌乎！'不识此语诚然乎哉？"

孟子曰："否。此非君子之言，齐东野人之语也。尧老而舜摄也。《尧典》曰：'二十有八载，放勋乃徂落，百姓如丧考妣，三年，四海遏密八音。'孔子曰：'天无二日，民无二王。'舜既为天子矣，又帅天下诸侯以为尧三年丧，是二天子矣。"（《孟子·万章上》）

《孟子》中有这样的问答。咸丘蒙提的问题是关于尧舜的传说，而与此相关的孔子之语，在这里被斥责为"齐东野人之语也"。从这一点上，可以说，反过来证明了，在孟子的时代，齐东野人之语已经被当作了孔子之言，人们对此不得不采取一种批判的态度了。孟子在前述的批判之中，引用了《尧典》及孔子其他的话（这些话并不见于《论语》），以证明尧舜时代天下并无危机，从而判断孔子谈论危机的话肯定是出于捏造。从这里可以看出，到了孟子的时代，对于极度完美的黄金时代，也即尧舜时代的信念，已经有所动摇了。如果要视其为黄金时代，已经必须要加以论证了。如果将这一情形和尧舜传说的起源考察加以对照，就更能看出孟子的上述言论具有多大的历史意义。据津田左右吉⑭的研究，尧舜故事全然出于虚构，其出现的时间当在公元前四世纪的前半叶左右，比夏商周三代的革命故事还要晚（岩波全书《儒教的实践道德》（儒教の実践道徳），第204页）。如果津田的研究成立，那么这一故事当是在孔子之后一个世纪、孟子之前半个世纪的时间段内形成的。由此，在孟子时代，就已经有传说，说孔子谈及了舜的政治危机。这样看来，就没有什么不可思议之处了。这样的传说，和孔子将尧舜的政治视为理想的传说，在可信度上没有什么差别。不过，像孟子这样卓越的学者，将前者排斥为齐东野人之语，而力陈后者才是孔子的真意，其目的无非是要确定孔子的尧舜崇拜。换言之，孟子批判这些被错传为孔子之语的标准，乃是基于孟子自身的信念，他相信孔子的思想应当是这个样子。同样地，关于孔子的行为，也能见到类似的例子：

万章问曰："或谓孔子于卫主痈疽，于齐主侍人瘠环，有诸乎？"

孟子曰："否，不然也。好事者为之也。于卫主颜雠由。弥子之妻与子路之妻，兄弟也。弥子谓子路曰：

'孔子主我，卫卿可得也。'子路以告。孔子曰：'有命。'孔子进以礼，退以义，得之不得曰'有命'。而主痈疽与侍人瘠环，是无义无命也。孔子悦于鲁卫，遭宋桓司马将要而杀之，微服而过宋。是时孔子当厄，主司城贞子，为陈侯周臣。吾闻观近臣，以其所为主；观远臣，以其所主。若孔子主痈疽与侍人瘠环，何以为孔子?"(《孟子·万章上》)

这里，对于孔子在流浪时借宿的主人家这一问题，孟子斥为"好事者为之"。其理由在于，孔子进以礼、退以义，肯定不会借宿于这样的人家。若孔子借宿于痈疽与侍人瘠环，何以为孔子？其批判的标准依旧是孟子本人的信念，也即是孔子应当不会这么做，而不是凭借什么证据加以辨明。《论语》几乎没有谈论过孔子借宿于谁人之家。然而到了孟子的时代，已经将其视为议论的对象了，孟子本人乃是极其热心地排斥其中一种说法，另有自己的主张。孔子的直系弟子及徒孙从来没有留意过的借宿的问题，为什么到了一百五十年后会成为人们议论的对象呢？乃是因为这一时期，关于孔子的传记正在逐渐形成。其最终的结果就是到了《孔子世家》

之中，关于孔子所行之处的借宿人家，都被详细地记录了下来。如果参照《孔子世家》，孔子在开始自己的流浪之旅时，首先以子路之妻的兄弟颜浊邹的家为主。而据《孟子》中所引上文，这个人则写作颜雠由，而且也没有说是他子路之妻的兄弟。孟子在这个地方力陈的是，子路之妻与嬖臣弥子瑕之妻是姊妹关系⑮，弥子是因此这层渊源才想要给孔子提供宿处。根据《孟子》的说法，孔子拒斥了弥子的邀约，并且肯定不会利用嬖臣来获得卿大夫的地位。孟子认为，孔子这样的人肯定不会借宿于痈疽与瘠环。不过，从这里引发出来了：

孔子欲行王道，东西南北七十说而无所偶，故因卫夫人、弥子瑕而欲通其道。（《淮南子·泰族训》）

孔子道弥子瑕见釐夫人。（《吕氏春秋·慎大览·贵因》）

之类的传说也产生了。孟子力陈他的观点，反而导致了反效果。如果从这个地方继续溯源，就不难猜想，孟子是为何而战。孟子是基于自己的见地，和那些想要将孔子从神坛上拉扯下来的传说进行战斗。这样，孟子就必须辩解，孔子宿于陈的司城贞子之家，既没有阿附于权势的意义，也能够免于宋司马桓魋的迫害。因此，孟子在这里认为，孔子宿于弟子或者与弟子有亲缘关系之人的家里，是合适的。而如果寄宿在高官之家，尤其是那些有恶评的政治人物的家里，就不合适了。孔子的流浪，并非是一种有结交政权动机的举动。不同腐败的现实政治勾结，应当说才是孔子的伟大之处。

这样，孟子从自己的见地出发，竭力阐明孔子的伟大。这样的例子，在《孟子·公孙丑·上》中随后的数章里也屡次出现：

可以仕则仕，可以止则止，可以久则久，可以速则速，孔子也。……自有生民以来，未有（如）孔子也。

宰我曰："以予观于夫子，贤于尧、舜远矣。"子贡曰："见其礼而知其政，闻其乐而知其德；由百世之后，等百世之王，莫之能违也。自生民以来，未有夫子也。"有若曰："岂惟民哉。麒麟之于走兽，凤凰之于飞鸟，泰山之于丘垤，河海之于行潦类也。圣人之于民，亦类（然）也。出于其类，拔乎其萃。自生民以来，未有盛于孔子也。"

前面这几句，第一句颂词出自孟子本人，其他则是记叙下来的孔子其他弟子的话。当然，这些都是《论语》中所没有的句子。孔子比尧舜还优秀，自人类诞生以来还从未有过孔子这样的贤者，这一类的想法，在我想来也不曾在《论语》里出现过。如果尧舜的故事是在孔子之后百年才出现，那么这段话也绝不可能出自孔子的直系弟子宰我之口。而子贡将孔子作为一个政治批判者、百世之王的批评者加以赞美，和《论语》中所见的子贡也不相合。所谓"百世"这句话，可能和《为政篇》中孔子回答子张问时，所说的一句"虽百世，可知也"⑯有什么关联，但子贡不是一个对这类问题感兴趣的人。子贡常常在实践领域向孔子求取智慧，也常常希望得到孔子对其人格方面的批评。然而这里的子贡，则将作为《春秋》著者的孔子，礼赞为自有人类以来最高的贤者。这是《孟子》中出现的子贡，却并非《论语》中所出现的子贡。

将孔子视为《春秋》的著者，与认为孔子是一个超越于现实政治之上的最高政治批判者，这两者是联系在一起的。关于《春秋》，孟子有如下之语：

世衰道微，邪说暴行有作，臣弑其君者有之，子弑其父者有之。孔子惧，作《春秋》。《春秋》，天子之事也。是故孔子曰："知我者其惟《春秋》乎，罪我者其惟《春秋》乎。"

孔子成《春秋》而乱臣贼子惧。（《孟子·滕文公下》）

当然，上述孔子之语同样不存在于《论语》之中。如果真的是孔子作成了《春秋》一书，那么，如此重大的一件事，应该会以某种形式流传下来，例如孔子的直系弟子应当会问及此书。津田左右吉氏认为《春秋》、尧舜传说、《诗经》都是在公元前四世纪前半叶左右形成的。这一说法是否妥当暂且不论，唯一被视为孔子之作的《春秋》，在一部连孔子衣食住行的琐事都记录下来的《论语》中，竟然一句话也没有被提及。这一事实，应当得到高度的重视。如果真如津田氏所言，《诗经》和《春秋》均是从一开始就是作为孔子学派的经典而被编述起来的话，那么上述事实也就容易理解了；而如果要将《春秋》视为孔子的著书，那么我们无论如何都很难解释上述事实。而《史记·孔子世家》对这一问题没有抱任何怀疑，只是继承了孟子的说法，然后发展为如下的样子：

子曰："弗乎弗乎，君子病没世而名不称焉。吾道不行矣，吾何以自见于后世哉？"乃因史记作《春秋》。……后有王者举而开之。《春秋》之义行，则天下乱臣贼子惧焉。孔子……至于为《春秋》，笔则笔，削则削，子夏之徒不能赞一辞。弟子受《春秋》，孔子曰："后世知丘者以《春秋》，而罪丘者亦以《春秋》。"（《孔子全集》，一九七五）

"君子病没世而名不称焉"云云，原本是《论语·卫灵公篇》中对君子的规定的一章[17]，并且和其他四章是并列，这句话全然看不出来和著述《春秋》有什么关系。然而，《史记》作者却选取这一章，作为孔子著述《春秋》的动机，并让孔子说出"吾何以自见于后世哉？"这样的句子。然后将孟子所说的"乱臣贼子惧"处理成了"后有王者"发生的事情，并将"知我者其惟《春秋》乎"替换为"后世知丘者以《春秋》"。这和孟子想要说的意思，实在相去太远。孟子固然主张《春秋》是孔子本人真意的体现，但他全然没有谈过什么要留名于后世的问题。这是《孔子世家》

作者的意见。而且，如果孔子真是基于这一动机而述作《春秋》，但了解这一事实的孔门弟子却根本没有力陈这一点，从而彰显孔子之名，这实在是太难以理解了。因此，我们很难相信《史记》的这一记载就是事实。

如果说，在孟子谈及孔子的那些记叙部分，尚且极为明显地出于孟子本人的见地，那么，被认为在孟子以后（恐怕是在汉代）才形成的《礼记》也好、《左传》也好，其中关于孔子的记叙有几成真几成伪，也就自不待言了。关于孔子的生平传记，唯一可以信凭的材料就是《论语》。那么，可以认为《论语》就是对确切史实的记载吗？在下一节，我们必须对《论语》再进行考察。

注释

① 乔治·格罗特（George Grote，1794—1871），英国历史学家，伦敦大学创立者之一，有十二卷巨著《希腊史》（History of Greece），并撰写有《柏拉图以及苏格拉底的其他学侣》（Plato and the Other Companions of Sokrates）。

② 爱德华·策勒尔（Eduard Zeller，1814—1908），德国哲学家、哲学史家。新康德派早期代表人物，著有六卷本《希腊人的哲学》（Die Philosophie der Griechen）。

③ 阿里弗雷德·富勒（Alfred Fouillée，1838—1912），法国哲学史家，1872年起任教于巴黎高等师范学院。其哲学史著作1886年即由日本知名学者中江兆民译为《理学沿革史》，在日本影响颇大。

④ 阿里弗雷德·泰勒（Alfred Taylor，1869—1945），英国哲学家，著有《苏格拉底》（Socrates）一书。

⑤ 约瑟夫斯（Josephus，37—100），古代犹太历史学家，曾见证了公元70年提图斯摧毁耶路撒冷城。

⑥ 古巴比伦人的一种祭典。

⑦ 宇井伯寿（1882—1963），日本曹洞宗僧侣，印度哲学研究者，1931年以《印度哲学研究》一书获学士院赏。

⑧ 作者将"发愤"训读为"いきどおる（气愤、生气）"，与国内一般学者的理解不同。

⑨《论语·卫灵公·二》：在陈绝粮，从者病，莫能兴。子路愠见曰："君子亦有穷乎?"子曰："君子固穷，小人穷斯滥矣。"

《论语·卫灵公·三》：子曰："赐也！女以予为多学而识之者与?"对曰："然，非与?"曰："非也。予一以贯之。"

⑩《论语·公冶长·四》：子贡问曰："赐也何如?"子曰："女，器也。"曰："何器也?"曰："瑚琏也。"

⑪《论语·子张·二十三》：叔孙武叔语大夫于朝曰："子贡贤于仲尼。"子服景伯以告子贡。子贡曰："譬之宫墙，赐之墙也及肩，窥见室家之好；夫子之墙数仞，不得其门而入，不见宗庙之美，百官之富。得其门者或寡矣。夫子之云，不亦宜乎!"

⑫《论语·季氏·一》：季氏将伐颛臾。冉有、季路见于孔子曰："季氏将有事于颛臾。"孔子曰："求，无乃尔是过与？夫颛臾，昔者先王以为东蒙主，且在邦域之中矣，是社稷之臣也。何以伐为？"冉有曰："夫子欲之。吾二臣者，皆不欲也。"孔子曰："求！周任有言：'陈力就列，不能者止。'危而不持，颠而不扶，则将焉用彼相矣？且尔言过矣！虎兕出于柙，龟玉毁于椟中，是谁之过与？"冉有曰："今夫颛臾，固而近于费。今不取，后世必为子孙忧。"孔子曰："求！君子疾夫舍曰欲之而必为之辞。丘也闻有国有家者，不患寡而患不均，不患贫而患不安。盖均无贫，和无寡，安无倾。夫如是，故远人不服，则修文德以来之。既来之，则安之。今由与求也，相夫子，远人不服而不能来也，邦分崩离析，而不能守也；而谋动干戈于邦内。吾恐季孙之忧，不在颛臾，而在萧墙之内也。"

⑬ 原文作"乡党·三"，疑有误。按今本《论语》改为"十六"。

⑭ 津田左右吉（1873—1961），日本历史学家，任教于早稻田大学。曾因批评《日本书纪》中的一些历史记叙而被勒令辞职，由此导致了日本思想史上著名的"津田事件"。

⑮《孟子》原文及和辻哲郎原文均作"弥子之妻与子路之妻，兄弟也"。这里的"兄弟"实则指现代汉语的"姊妹"，故译文有所调整。

⑯《论语·为政·二十三》：子张问："十世可知也？"子曰："殷因于夏礼，所损益，可知也；周因于殷礼，所损益，可知也。其或继周者，虽百世，可知也。"

⑰《论语·卫灵公·二十》：子曰："君子疾没世而名不称焉。"

三、《论语》原典批判

我们在检讨了孔子的生平传记资料后，终于还是要谈及《论语》了。或许有人认为，到这里问题已经解决了，但事实正好相反。自古以来，从没有哪本书像《论语》这样有着完全不同的解读方法，现如今，也没有哪部古代典籍像《论语》这样还没有经受过严格的原典批判。举一个例子，《述而篇》有：

子曰："加我数年，五十以学《易》，可以无大过矣。"（《论语·述而·十六》）

关于这一章，从通例来说，当训读为："孔子说：'再给我数年，五十以学《易》的话，就不会有什么大过了。'"

然而，对这个"五十以"的意义的解读，却会因人而异。有人认为是"从五十岁开始，学习《易》"，也有人主张是"从年少之时就开始学《易》，一直到五十岁的时候，也依旧在学习"。还有人认为是"就学习《易》而言，大概五十岁的时候才算是学成了"。更有人认为，这里的"五十"乃是"卒"之讹误，孔子在这里讲的是自己晚年学《易》之事。《孔子世家》的记叙者则将这个存在问题的"五十"省却了：

　　孔子晚而喜《易》，序彖、系、象、说卦、文言。读《易》，韦编三绝。曰："假我数年，若是，我于《易》则彬彬矣。"（《孔子全集》，一九六五）

　　不过，以上诸说均承认孔子有学《易》一事，也即是说，承认了《易》在孔子之前就存在了。然而，据津田左右吉的研究，以筮进行占卜虽然古已有之，但《易》这部书却并不算古。其编纂而成，乃是在战国末期，也即是说在公元前三世纪，而后进入汉初，才为儒教所吸纳。如果津田左右吉的研究可信的话，那么读《易》以至于韦编三绝这样的故事，就应当是司马迁时代的儒家的事，而非孔子本人的事。那么，《论语》中存在的证据要怎么处理呢？讲一句并非玩笑话的，《论语》里谈及学《易》之事的，其实一句也没有。如果有人认为有，乃是因为读错了。前面所举出的这个句子，事实上应当这么读：

子曰："加我数年，五十以学，易可以无大过矣。"

"易"，乃"亦"也。《经典释文》中有："鲁读易为亦，今从古。"也即是说，《鲁论语》中并没有学习《易》的句子。这样一看，所谓"五十以"也就没有什么不可解的了。原来，"五十以"这句话有这么多种解读方法都是不对的，其错误都是源于读法的错误。有辩驳认为"易"和"亦"的韵不同，实则中国古代词语的发音本来就不甚清楚，还是不要这么轻易下判断为好。只不过，如果不拘泥于"易"这个字，而是以平淡直白的语言来解读，这句话对于那些已经步入五十岁年纪的人而言，实在是一句越咀嚼越有滋味的话。即便是到了当代，也有人到了五十岁左右的年纪就丧失了好学之心，这就是因为对学问没有真的敬畏。五十岁绝不为迟，即便五十岁后开始学习，也是能够闻道的。如果这样看的话，所谓的"五十岁后才学习，也可以没有什么大的过错"，实在是一句到今天也依旧有着新鲜活力、充满智慧的话。

如上所述，这样一个十五字的短章里也有着重大的问题。那么，《论语》当中，实则还有许多地方需要加以讨论，也就不难想象了。在这里，如果想要对这些问题进行深入追究的话，首先就必须要尽可能地确定《论语》最古的文本。在这一点上，武内义雄氏的"岩波文库"本《论语》对我们而言就是莫大的福音。这本《论语》以奈良、平安两朝由遣唐使带回到日本的古写本一系中的清家证本为基础，与中国版本的源流，也即用唐代的"开成石经本"加以对校，明其异同所在。此外，还就汉代石经的残字进行了对校工作。这些汉代石经较之于唐代石经，更为古老，是现存最古的证据，其重要意义自不待言。关于这一点，武内义雄氏所著《汉石经论语残字考》（见《狩野教授还历纪念中国学论丛》）便是非常卓越的考证之作。武内氏利用石经残存的断片文字，仔细地复原了碑面上的内容，从而推定了汉石经的正文乃是魏人何晏在《论语集解》的序中所言的《鲁论语》的文本。此外，武内氏将这一文本同唐代石经，以及传入日本的《古本论语》加以比照，考证出了后两者中的相异点是如何产生的。武内义雄氏的说法当为大家所充分吸收，我们借此也可以基本想象汉代的《论语》文本是什么模样。

不过，《鲁论语》虽然如上述所言，已经得到了确证，但何晏同时还提及的《齐论语》以及《古文论语》亦不能轻视。据称，《古文论语》中有博士孔安国的训，也有人保存并传授《齐论语》。那么，这两本书究竟是什么模样呢？据何晏《论语集解》的序所言，"《齐论》者……凡二十一篇，其二十篇中，章句颇多于《鲁论》"。这个"颇"字，表示的当是"稍稍（地多于）"，而非"特别（地多于）""远远（地多于）"吧。至于《古文论语》，则"次不与齐、鲁《论》同"。不得不承认的是，其编排次序有所不同。据此，可以说，一直到汉代《鲁论语》占据优势地位以前，以上三种不同的《论语》是并行存在的。

有关以上部分，我曾经听过武内义雄氏非常具有启发性的演讲。不过记忆这种东西终究是暧昧的，自己的责任还是要自己承担，因此，我在这里想要基于自己的想法，对其学说进行阐发。

《论衡·正说篇》里有一些地方谈到了《论语》的起源问题。据《论衡》来看，《论语》是众弟子们共同记下的孔子的言行。而且，在一开始进行记录的时候，数量非常之大，有数十百篇之多。然而汉代兴盛起来之时，这些内容都遗失了。不过：

"至武帝，发取孔子壁中古文，得二十一篇，齐鲁二河间九篇，三十篇。至昭帝女读二十一篇。宣帝下太常博士时，尚称书难晓，名之曰传，后更隶写，以传诵。初孔子孙孔安国，以教鲁人扶卿，官至荆州刺史，始曰《论语》。今时称《论语》二十篇，又失齐鲁河间九篇本。三十篇分布亡失。或二十一篇。目或多或少，文赞或是或误。说《论》者，但知以剥解之问，以纤微之难，不知存问本根篇数章目。温故知新，可以为师。今不知古称师如何。"①

《论衡》的作者有"说《论》者，皆知说文解语而已，不知《论语》本几何篇"之讥。用今天的话来讲，就是非难对于《论语》的起源问题缺乏高等的批判。不过，这里的"剥解之问"当是"训解之问"的误写吧。"至昭帝女读二十一篇",中间则应当是"始读",而非"女读"。不过,问题的关键,在"齐鲁二河间九篇"这几个字。孔子壁中发掘出了二十一篇,与壁中书合为三十篇的话,则这里的九篇没有问题。然而,"齐鲁二河间"究竟为何意呢?自古以来,黄河在郑州这个地方就一分为二,其主流奔向天津一带。然而,黄河的主流和支流之间所在的并非鲁国,而是卫国。不仅如此,其后还有"齐鲁河间九篇本"这一句。河间并非两河中间,而只能是汉代以藏书而知名的献王所在的河间。这样一来的话,就意味着齐鲁河间本乃是九篇。不过,"齐鲁二河间九篇"中的这个"二"字当如何活用,是一个必须思考的问题。在这个地方,应当是"齐鲁二篇、河间七篇"的误写。汉初,记录孔子言行之书固然亡佚众多,但齐鲁的两篇和河间的七篇却并未亡佚。不过,《论衡》的作者则说"又失齐鲁河间九篇本",也即是说在秦代尚未亡佚的齐鲁河间九篇,却在之后的汉代亡佚了,唯有壁中所出的二十一篇、抑或是二十篇保留了下来。不过,相关的理由却没有讲。这又应当如何理解呢?据何晏的说法,孔子宅中所出的《古

82

文论语》，在汉代是和《鲁论》《齐论》并存的，可以由人们自由取舍选裁其中的内容。这样来看，《论衡》的作者认为，古文二十一篇、齐鲁河间九篇，合计为三十篇，与当时仅存的二十一篇抑或是二十篇加以对比，其间差出来的九篇，就应当和齐鲁河间九篇等同视之了。不过，这也没有任何理由可讲。九篇可能是亡佚了，但这应该不是连秦人焚书之祸都熬过去了的齐鲁河间九篇。

以这样的结果来考察现存的《论语》。《论语》二十篇中，从很古以来就有将前十篇定为上论，后十篇定为下论的说法。甚至有说法认为，上论和下论是各自独立出现的。前十篇多少能让人感觉到有编订的功夫在其中。这样的话，这一点就和齐鲁河间九篇本的问题相关联了。如果想要寻找上篇之中没有重复文句的篇目，那就是《学而》和《乡党》两篇，另外就是《为政》《八佾》《里仁》《公冶长》《雍也》《述而》，然后跳过一篇②，《子罕》，这几乎连着的七篇。这七篇，相互间没有任何重复的文句，但是和《学而》《乡党》两篇有重复之处。这恐怕是一个证据，证明前面的两篇和后面的七篇，乃是各自统一记录下来的产物。

　　证据并不止于此。《学而篇》中有"其诸……与"的语法，这往往被认为像是齐地的方言。《乡党篇》中也有方言一般的句子。从这个地方能窥出端倪，所谓"齐鲁二篇"恐怕就相当于这两篇。从内容上而言，《学而》是孔子之言，《乡党》是孔子之行，这样正好可以编为一处。与之相同，后面的七篇也是如此，《为政》以"孝友"为问题，《八佾》涉及的是"礼"的问题，《里仁》则集中了关于"仁"的问答，随后的《公冶长》《雍也》两篇则是弟子评、人物评。从这种编订方式来看，各个篇章相互间全无联系是不可能的。此外，这些篇章中，同《孟子》等书相一致的地方非常多。以这七篇对应于所谓"河间七篇"，绝不是无稽之谈。

　　以上对《论语》的分析方法基本都是武内氏所教授的。在我看来，这是非常合理的说法。即便说《学而》《乡党》两篇不是《论衡》中所言的"齐鲁二篇"，在现存《论语》当中，这两篇也肯定是最古老的，并且有鲜明的统一性。从这样的视角来看，《论语》的编纂方法绝非一种漫然随意的攒集。

第一篇，《学而篇》，八章是孔子之语，一章是孔子和子贡的问答，三章是有子之语，两章是曾子之语，一章是子夏之语，一章是子贡同子禽的问答，由此结集而成。这当中，与孔子本人并无联系的、其弟子之语，占据了七章，而且，编订者处理这部分的时候，和处理孔子之语是一样的。换言之，这里并不是为了展现孔子的言行而推出这几个弟子，而是将弟子所说出的智慧，就当作了这几个弟子本人的智慧，从而展现出来。这种编订方法说明，《学而篇》并非是单单为了传扬孔子的智慧，而是为了传扬孔子及其弟子的智慧，也即是孔子学派的智慧。《学而篇》就是在这种精神之下编定的。在这一篇定形的时候，孔子及其弟子几乎有着相近的权威，而孔子并非是唯一的权威。唯有孔子一人，被视为远远高于他人的圣人，这是之后才有的事情。

《学而篇》是孔子学派智慧的结集，也意味着这一篇是为了展示给孔子的学徒们而特意编辑出来的产物。在这一篇里，孔子弟子之语与孔子本人之语并列而存，因此毋庸赘言，这一篇最早也是孔子的徒孙辈完成的工作。他们为了教育自己的弟子，而将最简要的语言精选出来，放在这里。关于这一点，《学而篇》的内容展现得非常清楚。

（一）子曰："学而时习之，不亦说（悦）乎。有朋（友朋）自远方来，不亦乐乎。人不知而不愠，不亦君子乎。"

这很明显是孔子学徒们的一种学究生活的座右铭。这三句话，并不是孔子在特定的什么时候，向特定的某个人说的话，而是要从孔子的话中，选出几句作为学园生活的座右铭时，被挑选、并列于一处的三句话。也即是说，第一是学问之喜，第二是因为学问而结成的友爱的共同体之喜，第三是在共同体中的所得，只是为了自己人格及生命价值的提升，其目的只在自己身上，并不关涉名利，这里是标举出来学问生活的目标所在。这反映了当时学者未必为世所用的时势，抑或是有人提出了这样的主张。不过，提出这样主张的人，肯定是一个理解上述学问精神的人。这种精神不仅在柏拉图的学园、释迦牟尼的僧伽、基督的教会中所共通，而且即便到现在，也不失其共通性。以上三句中所呈现出来的学问的精神倘若失去了，那么一种活生生的学问也就不可能存在了。

（二）有子曰："其为人也孝弟（悌），而好犯上者鲜矣。不好犯上，而好作乱者，未之有也。君子务本，本立而道生。孝弟也者，其为仁之本与。"

这是弟子有若的话，而非孔子的话。在紧随孔门学徒的根本性的座右铭之后，在如此重要的地方，竟然是孔子弟子之语，原因何在呢？而且，有若这个人，是一个在《论语》的其他诸篇中全然不曾出现、不那么出名的一个弟子。不但不出名不说，在以后的传说中，可以说有若是一个明显受到贬损的人物。倘若看《孟子》的话，孔子没后，子夏、子张、子游因为有若酷似孔子，而打算要像侍奉孔子一样来侍奉有若，曾子对此反对（《滕文公上》）。此外，据《孔子世家》的话，有若状似孔子，弟子相与立为师，像对待孔子那样对待他。不过，由于他不能像孔子那样应对问答，因此又被赶了下来（《孔子全集》二〇〇九）。这样一个有若，在《学而篇》中被处理成孔子弟子中最大的那一个，原因何在呢？我以为，上述的传说，实则就导致了我在这里提出的这个问题。有若的话，在《学而篇》中被非常地看重。然而，在河间七篇的弟子评骘之中，他却完全被忽视了。这样看来，有若这个人，一开始虽为弟子们所重，结果实际上却是个无能之人，只不过外貌和孔子有几分神似罢了。这样就能解释何以会形成上述的传说。不过，这只是基于有若的话存在于《学而篇》中这样一个事实之上的想象罢了，也不能解释这句话何以会被放在这里。想要解释，可以从《学而篇》的内容本身出发，找到答案。如前所说，这一篇是对孔子学徒们展现学徒的心得，而并非要讲述孔子及其弟子的生平传记。如果是这样的话，有若的话被放到了这里，就可以从编辑目的的角度得到解释。紧随着学园的根本精神而来的，是学徒们必须学习的道，这句话展现的是这种道要从什么地方开始。据闻孔子的弟子们大多要比孔子年轻三十到四十岁，由此可知，入此学园者，以青年居多。对这样的青年而言，首先要加以劝导的、最浅近的道，只能是孝悌。青年们到眼下为止所体验过的家族生活，正是这种道的所在。有若之语，说这种孝悌乃是治国平天下的道的根本所在，也是仁之本，放在这里，正可谓是得其所哉。有若这个人怎么样都无所谓，在这个地方放这样的话，乃是当然之事。据此，则：

（三）子曰："巧言令色，鲜矣仁。"

这句孔子之话会被放在这里，也就比较容易理解了。这句话在《阳货篇》中也出现了，恐怕是孔子很有名的一句话吧。不过，这里所揭示的，是必须学习的道的第二阶段。孝悌是道（也即仁）之本，而在实现孝悌之际，仅仅从外在的语言和表情着手，则是不行的。对父母兄弟，倘若没有衷心的爱，则孝悌无从谈起。专门使用令人愉悦的语言，专门表现出令人高兴的表情，这样的人，实际上是缺乏诚实之爱的。诚实之爱才是最重要的，外在的东西并不重要。在这里，实现道（也即仁）所需要的不是外在，而是要将其作为一个内在的问题，这种心得是非常必要的。这就是说：

（四）曾子曰："吾日三省吾身，为人谋而不忠乎？与朋友交而不信乎？传不习乎？"

曾子，也是一个在《论语》中出场次数很少的弟子，除了《学而篇》之外，也就只见于《里仁篇》一章、《泰伯篇》五章、《宪问篇》一章而已。不过，在

《泰伯篇》中，他临死之际说的话，有两章中都记载了，据此可知，曾子是孔子学派中非常有力的学者之一。《孝经》便是曾子和孔子间的问答，也彰显了曾子作为一个学者的影响力。上述句子中，"传不习乎"这样一种反省，也是从教师的角度出发才会有的。不过，这个章节被放在这里，还是因为内省这样一个问题吧。与人交往之中的一个"忠"，与朋友交往的一个"信"——自己未能熟习的③，就不要传给弟子，这是对弟子的"忠"，也是对弟子的"信"——这些东西都不是靠巧言令色就能够实现的，唯有依赖于良心的审判，故而是一个诚意的问题。曾子之语，将这个道理非常明白地展现了出来。那么，在将实现这种道的意义清晰地呈现出来之后，就终于该揭示出人伦之道的大纲了：

（五）子曰："道（治）千乘之国，敬事而信，节用而爱人，使民以时。"

（六）子曰："弟子入则孝，出则弟（悌），谨而信，泛爱众而亲仁，行有余力，则以学文。"

（七）子夏曰："贤（尊）贤易（轻易）色，事父母能竭其力。事君能致其身，与朋友交，言而有信。虽曰未学，吾必谓之学矣。"

这里特别值得注意的是，这种人伦之道不仅仅只是家族生活中的孝，同样在治国中也被列为第一。孔子学派中，道的实现，说到底还是以衷心、诚意为纲领，不过，并不能因此就认为人伦之道只是一个单纯的主观道德意识层面的问题。人伦之大，及于治国。国，是人伦在组织层面的实现。只要能够有"信"，能够爱人，并且爱众，那么这种人伦之道就能够实现。当然，这种人伦之道在组织层面的实现，还必须有赖于更细节的孝、悌。对孔子学派而言，抛却家庭绝非实现这种道的途径。不过，将孝认作一个比什么都重要的东西，并非是初期孔子学派的思想。（五）（六）两章中分别呈现的孔子之语，显然是将"信"与"爱人"作为人伦之道的中枢，并没有单独来讲家族道德的问题。到了（七）中子夏之语，终于算是接近于"五伦"的思想了。所谓尊贤，基本可以等同于长幼有序；不看重色，则近于所谓夫妇之别。后面则是讲在侍奉父母、侍奉君、对待朋友的时候，都要有一个"信"。依照子夏之言，这五伦均属于"学"。不过，这里并不是因为年长就要去尊重，而是因为长者有贤人之德，故而要尊重；也并不是单纯地要在夫妇间建立差别，而是为了贬弱"色"的影响，故而要让夫妻之间有端正的礼仪。据此来看，子夏的思想还不能说是那种完全形式化的五伦思想。尊敬贤德，贬抑色，这些观念较之于家族道德，具有更为普遍的意义。家族道德，只不过是五项中的一项而已。如果可以认同以上乃是孔子学派的人伦的大纲，那么可以说，初期的孔子学派并没有特别注重家族道德。

通过陈说这种人伦大纲，必须学习的道，也就呈现出来了。接下来就展示学习此道的学徒们的品行：

（八）子曰："君子不重则不威，学则不固。主忠信，无友不如己者，过则勿惮改。"

毫无疑问，上述品行并不只适用于孔子的学徒们。然而在一般的人世间，如果要严格贯彻"不如自己的人，绝不能和他做朋友"，那么，所谓的友谊关系恐怕就不可能建立起来。因为即便我想要和一个比我更优秀的人成为朋友，那个更优秀的人也一定会因为我般配不上他，而拒绝和我成为朋友。这样一来的话，人也就只能同那些对等于自己的人成为朋友了。在这种情况下，无论是指导他人，还是受到他人的指导，都变得不可能了。不过，学徒是处在一个受他人指导的立场之上。如果不能够经常和那些高于自己的优秀之人接触，也就不可能得到有效的指导。因此，这种品德，对学徒而言，是最合适的。如果有了过错，就坦率地加以改正，这种品行，对学问的精进而言也是必需的。培养出这种柔韧的、富有弹性的心态，才能防止陷入顽固的危险。对君子而言，不轻易改变自己的意见是非常有必要的，但是一味地陷入顽固，也绝非一件益事。

以上所说的，乃是学园的根本精神、当学之道，以及在学道之时的态度。接下来所要谈的，则是得到这样的一番修养之后的模范者的样子：

（九）曾子曰："慎终追远，民德归厚矣。"

（十）子禽问于子贡曰："夫子至于是邦也，必闻其政。（夫子）求之与？抑（或）（人君）与之与？"子贡曰："夫子温良恭俭让以得之。夫子之求之也，其诸异乎人之求之与？"

（十一）子曰："父在，观其志。父没，观其行。三

93

年无改于父之道，可谓孝矣。"

"终"往往被疏忽大意，而"远"往往被遗忘。得道之人，则正好相反，慎重于"终"，追念"远"。唯有这样的人所率领的民众才能实现自我德化。孔子便是一个极好的例子，他是因为自己有温良恭俭让之德，才会接受政治上的问询。在统领民众和政治方面是如此，在孝这个问题上，也是一样的。父亲生前，要努力达成父亲的志愿，父亲去世以后，三年之内也应当尊重其处世之道，这便是真正的孝。得道之人，应践行如此无微不至的孝行。当然，这样的解释乃是基于《学而篇》的编辑目的推测出来的，这些话语最开始恐怕并不是以这样的意思被讲出来的。原本是独立的三个章节，到这一篇里却并立存在，唯一能给出的解释也就是像上面这样。不过，将这几个章节作为独立章节来解释，在意思上也不会有太大的差异。将曾子之语解释为丧祭之义，则是拘泥于曾子是《孝经》的作者这样一种先入为主的意见。这一句比《孝经》更古老，因此必须脱离于《孝经》来理解。

以上均是对第一章所揭示的三纲领中的第一条，也即学问之喜的论述。从学的内容、方法、目的等角度加以展开论述。三纲领中的第二条，也即学问的共同体问题，则见于接下来的三个章节：

（十二）有子曰："礼之用，和为贵。先王之道，斯（和）为美；小大（之事）由之。有所不行，知和而和，不以礼节之，亦不可行也。"

（十三）有子曰："信近于义，言可复也。恭近于礼，远耻辱也。因不失其亲，亦可宗也。"

（十四）子曰："君子食无求饱，居无求安。敏于事而慎于言，就有道而正焉。可谓好学也已。"

在这里，有子之语占了两个章节，据此不难想见，有若同初期的孔子学园有某种特殊的关系。不过在这里，很明显的一点是，有子讲的话都和这种共同体的秩序有关。"和"，比什么都重要，但是"和"的实现，却也需要"礼"的共同作用。"信"，也并非一种盲目的感情，而是近于"义"。"恭"，也并非一种谄媚，而是近于"礼"。"亲"，也并非一种感情，而是不离于一种"亲"之道的东西。这里需要注意的是，这些话都是告诫学问共同体之中的青年们，不要出现一种殉情式的关系。孔子对食、居均谈及了一些注意事项，而且就放在《论语》的这个地方，让人不难想到，孔子对青年学徒应当是提供了寄宿设施的。

最后两章则涉及三纲领中的最后一项，也即学问修养的目的只在自己身上：

（十五）子贡曰："贫而无谄，富而无骄。何如?"子曰："可也。（然）未若贫而乐，富而好礼者也。"子贡曰："诗云：'如切如磋，如琢如磨。'其斯之谓与?"子曰："赐也，始可与言诗已矣。告诸往而知来者。"

（十六）子曰："不患人之不己知，患不知人也。"

同《学而篇》首章的第三句，"人不知而不愠"，几乎同一意思的这句话，被放到了该篇最末的位置，这一点绝不可轻视。这显示，第三项纲领将在这里展开。不花心思为他人所知，只是一门心思地探求新知，这种精神，就是学问的目的唯在自己身上。更何况像是贫富这类事情，根本就不会入好学者之眼。虽然贫穷，却不谄媚，即便富裕，却不骄傲，这种用心，说到底还是拘泥于贫富之中。学者，则应当超越贫富，唯乐于道，唯好于礼而已。这种道，便是无限的修养。所谓"切磋琢磨"，则是用来形容这样一种没有止境的、无限的道。也即是说，孔子学徒之中，这种对道的追求乃是无限性的。这些人全然不讲求学问的实用性。

以上的《学而篇》，乃是基于一定的目的编订而成。当然，这是原本独立存在的话，都被编辑到了一起，因此，对各个章节，视为独立的话来理解也无妨。诚然，即便作为独立的话来理解，我们也能从中汲取一些深刻的含义，但并不能借此就否认这一篇的整体有一种构思的意图在其中。在孔子之语的这些最初的编纂工作的背后，始终存在着孔子的徒孙辈（甚或是曾孙辈）所经营的学园的身影，这一点是无可否认的。

《学而篇》主要是向孔子的学徒们揭示学问的方针，因此，是以传达孔子的思想为核心。与之相反，作为齐鲁二篇中的另一篇，《乡党篇》则完全是展现孔子面貌的一篇。就这一点而言，可以说是最早的孔子传。不过，这也不是传达孔子在某个时候、对谁，做了一件什么样的事情，而只是对孔子的日常行为方式，或者说动作姿态，进行一种类型化的描述。唯有前面曾举过的"康子馈药"一节稍稍有些例外而已。

《乡党篇》的最开头，所展现出来的是孔子在公共生活中是怎样的行为举止。与乡党之人接触时，孔子恭顺朴讷。在宗庙朝廷上则有闲雅之态，言语谨慎④。与下大夫说话时，态度和乐；与上大夫对话时，态度恭谨；面见君主时，则以恭敬、安舒之态⑤。此外，还一一描绘了孔子在公众礼仪的场合，与人问候的方式⑥，入公门时的蹑步方法，在君主面前的举止动作⑦，等等。

接下来则是孔子在私人生活中的状态。衣服是什么样的衣服，怎么穿⑧。食物是什么样的食物，怎么吃⑨。这些内容都非常细致地记载了下来。其中还夹杂了一些超越于具体的衣食样式，但理解起来非常容易的句子，例如"惟酒无量，不及乱""不多食""食不语"等等。

随后，则列举了一个生活的断片，据此我们仿佛可以窥见孔子这一人物的样子：

（十七）厩焚。子退朝，曰："伤人乎？"不问马。

这件事，当然不是只有孔子一个人才能办到。然而，这种态度，却非常贴合孔子这个人。在马厩焚烧起来之后，问马的情况的人，只能是小人而已。这一点几乎像常识一样，完全可以通用，但是也可以从中看出孔子的感化。也即是说，即便是在最平凡的日常态度中，孔子也会展现出人性的要点所在。

在这一章里列举出来的其他诸例，也同样能展现出孔子的心意。对乡党之人，孔子的心意体现在：

（十三）乡人饮酒，杖者（老人）出，斯出矣。

（十四）乡人傩，朝服而立于阼阶。

孔子在与乡人一起饮酒之时，非常用心于对老人的尊重。而当乡人进行祭祀仪式的时候，则认真地表现出自己的共同感。在这里可以看出，对村落共同体，孔子有一种顺从的态度。孔子作为一名知识人，但却并没有一种同乡人区别开来的距离感。而对于朋友，孔子的心意则体现在：

（二十二）朋友死，无所归。曰："于我殡。"

如果是庶人的话，"殡"是在死后第三天举行。虽非正式的葬礼，但是在丧葬仪式上没有什么区别。这是为了朋友，才将这份工作接受下来。也即是说，对朋友，和对自己家人，采取同样的态度。而对一般而言的不幸之事，孔子同样有自己的心意，可见于：

（二十五）见齐衰者，虽狎，必变（容）。……凶服者式之。

　　如果遇到了身着丧服之人，无论对方是孔子多么亲近的人，也一定改换面容表情。丧服乃是为表现悲伤之情，而从社会意义上创造出来的风俗，孔子的态度则最直接地展现了这种风俗的意义所在。同样，也不是说因为孔子非同凡人，最早有这类的举动，而是说，这些举动最好地契合了人性的要点。这和前面是一样的。

　　《乡党篇》如上所示，主要叙述了孔子的行为举止以及待人的心意，最后则以一个非常有意味的句子结束：

　　（二十七）色斯举矣，翔而后集。曰："山梁雌雉，时哉时哉！"子路共之，三嗅而作。

　　这是孔子同子路一道，往山上走的时候，见到雌性野鸡的故事。孔子走近的时候，这些野鸡一度惊吓地飞了起来，四散一会儿之后，又降到了孔子周围。见到这一场景，孔子接连感叹："时间真巧！时间真巧！"不过，子路也想去接近这些野鸡的时候，野鸡却是一度要飞却又没飞，想飞却又没飞，终于到了第三次的时候，才飞了起来。这里说的是，即便是鸟，也只亲近于孔子。也即是说，孔子的"仁"甚至可以和鸟相通。这样的描写放到了《乡党篇》的最后，甚至让人心生对编者的几分钦佩。

孔子的学徒们，在最初想要传达出孔子的面貌时，描绘出来的样子便如上所示。这当中并未描绘任何异常的事件，或者说非凡的能力。在思考孔子的时候，这是特别需要值得留意的地方。

如果将《学而》《乡党》两篇视为齐鲁二篇，且是《论语》中最古老的一部分，那么，与河间七篇相当的诸篇，也应当同样属于其中极为古老的那部分吧。刚刚前面谈到，《学而篇》是向孔子学徒们揭示学园的纲领，而非为了叙述孔子的思想。然而，这个学园本身就是以孔子的人格及思想为核心而产生的，因此，不能不注意到的是，从一开始，在学徒之间有一种要求，想要对孔子有更详细的了解。毫无疑问，孔子的弟子及徒孙辈的弟子，也会应对这一要求，在尽自己所知的范围内，做出解答。这样来看，《学而》《乡党》这样的篇章在编纂时，学徒之间对孔子的言行就有如此详细的了解，也就不难理解了。然而，《学而篇》基于其编纂主旨，只是选取了与学问精神、人伦大纲相关的孔子之语，以极为简略的方式采录了一部分而已。而想要传递孔子是什么样的一个人这一主旨的《乡党篇》，则几乎不怎么触及孔子与弟子之间的问答，以及孔子本人的思想，只是将孔子作为一个仁者的面貌讲出来了而已。自从对孔子的言行有记录以来，如此简略的文字显然不能满足上述要求，也即是传达出孔子的思想与为人。因此，就会产生一种需求，将孔子弟子及徒孙辈所讲述的各类孔子言行都记录下来，这恐怕就是河间七篇出现的缘由吧。这样来看，河间七篇中所记下来的材料，绝不比齐鲁二篇为晚，但河间七篇本身的编纂恐怕却比齐鲁二篇晚一些。也即是说，就一段一段的孔子之语而言，这些部分和齐鲁二篇属于同一个时段，但是就河间七篇本身而言，则属于一个新的时段。

如上所述，河间七篇与《学而篇》有所不同，其主要任务是为了传达孔子的言行。在这一点上，河间七篇和《乡党篇》的动机基本一致，然而，《乡党篇》并不旨在传达孔子的思想，与之相对，这几篇则旨在传达孔子的思想。因此，在《学而篇》中能够见到的孔门弟子之语，到河间七篇中就被统统排除在外，只留下了孔子本人之语，《乡党篇》的体裁正是由此发展而来。当然，孔门弟子之语，也会作为一种讲述孔子、传达孔子意思的辅助角色出现。然而，像《学而篇》里面出现的那种，展现弟子本人思想的弟子之语，遍览《为政》《八佾》《里仁》《公冶长》《雍也》《述而》《子罕》七篇，除了一处例外，全然寻不见踪迹。这个唯一的例外，在《里仁篇》的末尾：

（二十六）子游曰："事君数（责），斯（则）辱矣；（交）朋友数，斯疏矣。"

不过，这句话，也是作为反驳它前面的孔子之语"德不孤，必有邻"的形式而出现的，其中好像有什么缘由。但是，也仅仅只有这一处例外而已，据此可以看出，河间七篇乃是集中于孔子一人身上。

穿插在《学而》与《乡党》两篇之间的八篇，之所以可以排除掉《泰伯篇》，原因也在这里。《泰伯篇》中，曾子之语占了五章[10]，还有一个不知道是谁的议论之语。后面我们还会谈到河间七篇的构思，即便从这一点而言，《泰伯篇》也是独立的存在。另外，这一篇中，孔子采用了尧舜禹故事的话，也非常显眼[11]，因为在其他七篇中全然未曾谈及这一问题。

此外，通观《为政》《八佾》《里仁》《公冶长》《雍也》《述而》《子罕》七篇：《八佾篇》是以"礼"为主题的问答合集；《里仁篇》则收录孔子有关"仁"与"君子的话语"；《公冶长》《雍也》两篇是弟子及其他人物的月旦评；《述而》《子罕》两篇是孔子自身的述怀，以及弟子所谈孔子的禀性，抑或是与《乡党》比较类似的孔子生活描写，总之是集结了与孔子相关的传记性资料。也即是说，孔子的思想、孔子与弟子的关系、孔子的体验和处世，这三个主题，分别占据了两篇。与之相对，仅有最初的《为政篇》这一篇，很难讲有什么特别的主题。与"孝"相关的问答一连有四章，这一点非常显眼，因此取这一点来讲固然也还可以，但这一篇中和孝没有太大关系的问题也有很多。不过，如果仔细观察的话，就会发现，这一篇是将前面的三个主题，化作一件件的事，融合了进来。换言之，《为政篇》是六篇的总论，全面综合了孔子的传记、孔子与弟子的关系、孔子的思想，摘录了孔子的话。这样来看的话，河间七篇所带有的整体构思，就一目了然了。

《为政篇》第一章就讲政治应当有德，次章则道破了诗的本质在于"思无邪"，第三章则讲教化当德礼并用，而非政刑并用。这三章都是直击事理核心的名言，今天已经成为高度通用的智慧。不过，紧随其后，则非常突然地展示了孔子的一生：

（四）子曰："吾十有五而志于学，三十而立，四十而不惑，五十而知天命，六十而耳顺，七十而从心所欲，不逾矩。"

如果这真的是孔子自己的原话，那显然就是孔子的自传了。即便是孔子，也并非从幼年时期开始就爱好学习，而是到十五岁的时候才醒悟了求学之志。此外，他也并非在青年时代就事业有成，而是到了三十岁才刚刚有所立。即便步入人世，也并非什么困惑都没有，而是到了四十岁的时候，才终于坚定地看到了自己的道。不过，在实现这一道的过程中，也并非什么焦虑都没有，到了五十岁的时候终于知道了天命，心绪稳定了下来。即便自己的心绪稳定了，但对世人的言行也并非没有非难、否定的想法，终于到了六十岁的时候才有了对他人宽容的心态。不过，即便对他人能有宽容的心境，也并非对自己的每一次言行都感到认同，还是有不少遗憾和后悔的地方，要到七十岁的时候才能没有这种遗憾和后悔。孔子辞世，被认为是在七十二岁，抑或七十四岁之时，上述述怀之语当是距离其辞世之日不远的时候讲出来的。孔子回顾自己的一生，唯对自己晚年的两三年感到自许。

随着时间的推移，孔子的这一自传描述已经成为一种普遍的人生历程，后人广有共鸣。人们也普遍认为，一生应当有这样一个志学之年、而立之年、不惑之年、知天命之年、耳顺之年等等。当然，不同的人，也会出现不同的情况。步入而立之年但什么都没立得起来，步入不惑之年却困惑重重，步入知天命之年却始终焦躁不安，步入耳顺之年却会以一己之意与他人发生冲突，这些情况都可能会发生吧。不过，虽然什么都还没立得起来，他却毕竟步入而立之年了；虽然始终困惑重重，他却毕竟步入不惑之年了。因此，这种一事无成，或者不能从困惑中解脱出来，会被视为一种未能完成当为之事的欠缺，从而遭到非难。青年人陷入困惑，可以得到宽容，但步入不惑之年的人还沉溺在困惑之中，则会颠覆人们对此人的信任。壮年期的焦躁可以得到同情，但步入知天命之年的人还会焦躁，人们对他的尊敬就会消失。这样看来，上述的阶段，作为常人的一生，可以视为是一种务必要踏上的阶段历程。唯有"从心所欲，不逾矩"这一阶段，不适用于常人。这种不适用，可以说是最富有意味的一点。除去这个最后的阶段，孔子自述自己的生活历程，竟然适用于所有人的人生阶段，从这一点上来讲，不正是意味着彰显了孔子作为人类教师的意义吗？

这一章并无一种要将孔子圣人化的痕迹，据此可以推测，这应当千真万确是孔子自己所说的话。然而，这一章中却又确实有一种想要将孔子圣人化的努力倾向。孔子所说的"知天命"并不是指知道了自己所能做的事的限度这样一种非常浅显的意思。孔子自觉有一种从天降下的使命，那就是复兴先王之道。自那以后，孔子都是作为一个先王之道的使徒而活动着的。一些著名弟子开始追随他，跟诸国的为政者来来回回讲道，也是在这以后。"知天命"一语，在孔子的生涯中蕴藏着非常深的意义，这意味着这些人的主张所在。然而，这是一种基于从其他材料所知的孔子生平传记而作出的解释，"五十而知天命"这一句话，本身当然未必只能有这样一种解释。但如果按我们的解释，知天命的意义，在五十岁左右的孔子的生活中，有着最充分的显现。据其传记来看，孔子五十岁的时候甚至想要侍奉公山不狃，五十一岁到五十六岁这一段时间则侍奉鲁定公，做了一名官吏。孔子在自己的生涯中介入现实政治，也就是这段五十来岁的时间。这一点能否证明，孔子有了上述的一种使命的自觉感呢？之前论者所谈的诸点，例如向诸国为政者讲道、培养有能力的弟子等等，应当说都是孔子六十耳顺时候的事情（五十七至七十岁），跟五十而知天命的时候不算太近。这样来看的话，所谓"五十而知天命"，用这种方法加以解读，恐怕也绝非无稽之谈。孔子能够脱离出四十来岁时的理想主义下的焦躁感，到了五十岁的时候，介入了势必要有所妥协的现实政治之中。这种体验，才让孔子做好了进入耳顺心境的准备。就这样依循字面意思，作这种朴素的解读，有什么障碍吗？如前所述，对于那些想要将孔子伟大化，想要证明孔子的自传乃是一种可以普遍适用于所有人的人生历程的事实的人而言，这样远远不能将孔子的伟大性发挥出来。

此外，《为政篇》是在讨论了政治、诗和教化的本质之后，就进入了上述的孔子自传，再之后则是一连四章关于"孝"这一问题的问答[12]。这些问答既是对"孝"的意义进行了进一步明确，也对孔子的说话方式进行了进一步明确。虽然同是论述"孝"，但是孔子在答复无礼之人时，就说应当以礼侍奉父母；在答复父母病弱之人时，就回答说要忧虑父母的疾病；在答复无敬之人时，就说应当敬事父母；在答复没有好脸色的人时，就教导说和颜悦色乃是第一要义。紧接着是孔子的自传，这里应当被视为对孔子作为一个教师的面貌的描写。

之后则是对孔子最喜爱的弟子颜回的评价[13]。颜回这个人，即便跟他讲了一天的话，也没什么反驳，像是一个傻子。但是颜回在私底下却笃定地践行着道，绝非一个傻子。紧接着这章对弟子的评价而来的，则是五个关于人格问题及君子问题的章节。一个人的行为与态度会直接显现出这个人的人格，无从隐匿[14]。此外，能够为人师者，既不能一味尚古，也不能一味趋新，必须两者兼有⑮。能被人敬为君子之人，不能仅仅只是具备某一方面的才能而已⑯。徒有其表，则看上去极为愚蠢。另外，相较于口头上的表演，更要看行为上的表现⑰。虽然要与人为善，但不刻意勾结他人⑱。这样的人才是君子。

　　紧随着人格问题而来的是学问的问题，这一部分有四章。仅仅从他人那里学习，但自己毫不思索的人，很难有什么顿悟；而一味地自我思索，却从不向他人学习，则非常危险⑲。如果遇到了和自己截然相反的主张，仅仅只是攻击对方，对于自己学问的进步没有任何益处。应当以此为契机，对自己进行反省，这样，即便是异说，也会有益于自己⑳。真正的知，就在于"知之为知之，不知为不知"㉑。而正确的认识之道，就在于"多闻阙疑……多见阙殆"㉒。

　　而后则是关于政治的三个章节，这是对政治的本质在于"德"这一观点的展开。最后则是力陈"信"的重要性㉓，以及三代"礼"的恒久性㉔。最后则放入了一章"非其鬼而祭之，谄也。见义不为，无勇也"。这里讲的是，在祭祀时，如果不遵循道，那就是一种谄媚；而那些在道的标准之下应当做的事，如果没有做，就应当受到批判。唯有最后这个地方，没有任何前后关联，只能被视为一个单独的问题。

从以上的分析来看，粗一看非常杂乱的《为政篇》，其实有非常整齐的秩序。这一点必须注意到。之后承续而来的六篇，是对这一总论进行分论的篇章，同样也是有内在理路的。

《八佾》以下的六篇，其主题已如前述，非常明显，在结构上的问题，我觉得这里也没有必要专门拎出来讲。这里想说的是，它和下论诸篇进行比较研究时，有一些值得注意的地方，且列举两三点加以论述。

《公冶长》《雍也》两篇辑录了大量孔门弟子们的人物月旦评，《述而》《子罕》两篇也多处谈及了孔子同弟子们的交流。因为孔子的生活同弟子们有非常密切的关联，因此，这四篇中包含很多可谓是孔子生平传记的重要材料。然而，下论也同样辑录了大量类似的材料。在这里，关于两者间的异同，有一个必要要注意的地方。

通览《论语》全篇，声誉始终如一地好，未曾有过动摇的，是前面在《为政篇》里谈及的颜回吧。在那个地方，孔子明确地说了，看上去愚笨的颜回却是最有价值的。在这里的《公冶长篇》：

子谓子贡曰："汝与回也孰愈？"对曰："赐也何敢望回。回也，闻一以知十；赐也，闻一以知二。"子曰："弗如也。吾与汝弗如也。"（《论语·公冶长·九》）

这句话，可以说是孔子最大的赞词了。接下来在《雍也篇》：

哀公问："弟子孰为好学？"孔子对曰："有颜回者好学，不迁怒，不贰过，不幸短命死矣。今也则亡，未闻好学者也。"（《论语·雍也·三》）

孔子对颜回的感情在表现上全无半点遮掩。同一篇中：

子曰："贤哉，回也！一箪食，一瓢饮，在陋巷，人不堪其忧，回也不改其乐。贤哉，回也！"（《论语·雍也·十一》）

颜回的生活状态得到了栩栩如生的描绘。此外，以孔子的体验为主题的《述而篇》里同样有：

子谓颜渊曰："用之则行，舍之则藏，惟我与尔有

是夫。"（《论语·述而·十一》）

这里表现的是孔子和颜回之间一种深深的同感。再到《子罕篇》：

子谓颜渊曰："惜乎。吾见其进也，未见其止也。"（《论语·子罕·二十一》）

这也是孔子的赞叹之语。仿佛是为了与这句话应答，《子罕篇》里还收录了一句颜渊对孔子的赞美之词㉕，并且和"子疾病"这一章并列在一起，实在是非常奇怪。而且，颜渊的话里也没有什么特别深切的回响。这是一个值得用心细读的地方。

从以上所引诸句来看，孔子一直对颜渊显露着爱生之情。而后，这种倾向到了下论的时候，就进一步增强了。下论一开头的《先进篇》中，颜回好学但却不幸短命而死的句子反复出现。而且，有四个并列的章节以"颜渊死"开头，均是孔子痛惜颜渊之死、恸哭不已的记载，但在内容上却没有什么超越于先前诸篇的成分。前面所列举的孔子之语，均是向内沉潜的表达方式，而在这里则是直接的向外吐露。可以理解的是，这样的话，孔子对颜渊的感情就可以得到进一步的强调。此外，在《颜渊篇》中，借颜渊问孔子"仁"一事，引出了"克己复礼为仁"这一著名的回答[26]。在《卫灵公篇》中，颜渊问治邦的方法，孔子则以夏的历法、殷的车、周的冠冕、舜的音乐来回答他[27]。这几个问题，都不像是居住在陋巷的颜回会问出来的问题，恐怕是非常重视"礼"这一问题的孔子学派，将这一系列的问题都和颜回牵扯上了关系。在这里也能够看出，孔子学派内部是一致地尊敬颜回。

与对颜回的尊敬形成鲜明对比的，是孔子对子路的态度。从《公冶长》《述而》等篇中均能见到，子路常常和颜渊一起侍奉于孔子之侧，也与孔子有过问答，但孔子从未像褒奖颜回那样褒奖子路。不过，孔子对子路的爱，绝不少于对颜回的爱。如前述，子路是一个率直、一根筋、个性强烈，当然，还极有良心的男子。据《公冶长篇》：

子路有闻，未之能行，唯恐有闻。（《论语·公冶长·十四》）

这句话就显示出了子路是一个多么一根筋，但却很有良心的人。不过，因为太过单纯，子路总有一些脑筋转不过来、理解不了的地方。同样在《公冶长篇》：

子曰："道不行，乘桴浮于海。从我者其由与?"子路闻之喜。子曰："由也好勇过我，无所取材。"（《论语·公冶长·七》）

孔子的这一批评正是指向了子路的这一特点吧。子路有敢于献身之忠、不惧于死之勇，这是不容否认的。然而，他这样一个人，虽说愿意乘桴出海，但在制作桴的过程中却帮不上什么忙。这其实指的是，子路很难与人共事。同样的意见，在《述而篇》里也有表述：

子路曰："子行三军，则谁与?"子曰："暴（徒搏）虎、冯（徒涉）河，死而无悔者，吾不与也。必也临事而惧，好谋而成者（与）也。"（《论语·述而·十》）

这一缺点，对孔子而言，并非一个本质性的缺陷。子路那种纯粹的气概，以及一种勇于追求道的决心，是更为宝贵的。因此，孔子非常爱子路。

子曰："衣敝缊袍，与衣狐貉者立，而不耻者，其由也与?"（《论语·子罕·二十七》）

孔子爱子路的这种气概，更尊重这种气概。还有一章，日后的传记记叙者不断地增饰：

子见南子，子路不说。夫子矢之曰："予所否者，天厌之！天厌之！"（《论语·雍也·二十八》）

这里也将子路的气概彰显得非常明白。南子是卫灵公的夫人，其风评比较复杂，而这一章的重点则在于"子路不说"。孔子非常尊重子路的感情，为了缓和他的情绪而说了上述话。在这里可以明显看出，子路的忠诚对于孔子而言有着极为重要的意义。如果更仔细探究的话，孔子病笃时的故事也只和子路一人有关而已，这一点就体现得更明显了：

子疾病，子路请祷。子曰："有诸？"子路对曰："有之。诔曰：'祷尔于上下神祇。'"子曰："丘之祷久矣。"（《论语·述而·三十五》）

子疾病，子路使门人为臣。病间，曰："久矣哉！由之行诈也，无臣而为有臣。吾谁欺？欺天乎！且予与其死于臣之手也，无宁死于二三子之手乎！且予纵不得大葬，予死于道路乎？"（《论语·子罕·十二》）

以上两次场景，子路做事的目的，都显示出他对孔子的理解有所欠缺。不过，这两件事都显示出他对孔子的真情切意。孔子重病时所讲出的话，应当同子路始终在旁、忠实地看护病中的孔子这一事实合而观之，才最为贴切。以上诸篇所展现的便是孔子对子路的态度。

此外，关于孔子重病一事，因为与后面的讨论还有关联，这里且多说两句。我们读这两章而得到的印象，应当是孔子已经到了濒死的边缘。因为孔子已经在考虑自己葬礼的问题，并且开始陈述自己所希望的死的方式了。这一点，在《论语》全篇中都非常显眼。然而，日后的记叙者都不认为这是孔子濒死时候的故事。《左传》当中，有孔子在去世前一年"孔子闻卫乱，曰：'柴也其来，由也死矣。'"这样一句话，而《礼记·檀弓》中则有"孔子哭子路于中庭"之类的记载。据这些材料来看的话，恐怕子路先孔子而死一事，都是明明白白地记叙下来的，《史记》中的《孔子世家》也好，《仲尼弟子列传》也好，也都是如此记载的。如果我们认为子路看护了濒死的孔子，那么这一类的说法就不应该出现。因此，即便是《论语》中这几条最显眼的记载，也应该和孔子的死没有太多关联。

我们且先记住子路的这般面貌，再来看看《论语》的下论。子路的情况和颜回似乎就有很大的不同了。一方面，上述的子路的面貌得到了进一步的彰显，甚至讲出了"有是哉，子之迂也"㉓这样的话，出现了直接冲撞孔子的情况，但是据这一章的描述，子路依旧得到了孔子的宽慰包容。不过，在其他地方，与之完全相反的是，子路被孔子狠狠地骂了一番。《先进篇》就可谓是其中一个比较显著的例子。如上所述，这一篇中有孔子恸哭颜渊之死的章节，恐怕是要与之形成对比，也有章节记录下了孔子对子路、冉求等人的辛辣批评。如果要看孔子这些评语的激烈程度，则可以参见如下诸章：

子曰："由之瑟（不合雅颂），奚为于丘之门？"门人不敬子路。子曰："由也升堂矣，未入于室也。"（《论语·先进·十五》）

季子然问："仲由、冉求可谓大臣与？"子曰："吾以子为异（他事）之问，曾由与求之问。所谓大臣者，以道事君，不可则止（不可谏，则退）。今由与求也，（当谏之事未谏）可谓（胡乱充数）具臣矣。"（《论语·先进·二十四》）

子路使子羔为费宰。子曰："贼夫人之子。"子路曰："有民人焉，有社稷焉，何必读书，然后为学？"

子曰："是故恶夫佞者。"（《论语·先进·二十五》）

　　这里出现的子路，不是那个单纯的、怒气冲冲的，但又和孔子有着深厚情谊的侍者子路。如果子路是这样的一个人，孔子何以要跟他讲"由，诲汝知之乎？"呢？何以要将"不知之知"这样一种有深意的话讲给他听呢？又或者说，孔子在道不行时，为了宣泄愤懑，何以会讲出"从我者其由与"这样的话呢？所谓"具臣"，乃是一口一个"人民"，一口一个"社稷"，但却排斥读书之人，这不是那个即便穿着破旧的袍子，但仍旧泰然自若的子路。《先进篇》对颜回的赞美，其夸张程度在《雍也篇》之上，与此同时，对子路缺点的夸大，也在《公冶长篇》的几倍之上。对子路的这一看法，在下论中的《季氏篇》里同样有所延续。然而，同属下论的《子路》《卫灵公》《阳货》诸篇则与此不同，属于前者之例。这样一来的话，我们就见到了《论语》中在河间七篇以后，属于新的历史断层的部分。

　　关于孔子和弟子们的相处方式，还有很多其他值得注意的地方。这可以让我们很容易理解《论语》下论的本质，但由于要逐一讨论每一个孔门弟子未免显得太

119

琐碎，因此我们在这里只以前面的颜回和子路作为代表谈了谈。此外，为了能够理解前面谈到的，从河间七篇衍生出《论语》下论的过程，这里再举一个例子。下面的（一）、（二）出自《公冶长篇》，（三）则出自《先进篇》：

（一）孟武伯问："子路仁乎?"子曰："不知也。"又问。子曰："由也，千乘之国，可使治其赋也，不知其仁也。""求也何如?"子曰："求也，千室之邑，百乘之家，可使为之宰也，不知其仁也。""赤也何如?"子曰："赤也，束带立于朝，可使与宾客言也，不知其仁也。"（《论语·公冶长·八》）

（二）颜渊、季路侍。子曰："盍各言尔志?"子路曰："愿（己之）车马衣裘，与朋友共。敝之而无憾。"颜渊曰："愿无伐善，无施劳。"子路曰："愿闻子之志。"子曰："老者安之，朋友信之，少者怀之。"（《论语·公冶长·二十六》）

（三）子路、曾皙、冉有（求）、公西华（赤）侍坐。子曰："以吾一日长乎尔，毋吾以也。（你们）居则曰：'（人皆）不吾知也!'如或知尔，则何以哉?"

子路率尔而对曰："千乘之国，摄乎大国之间，加之以师旅，因之以饥馑；由也为之，比及三年，可使有勇，且知方也。"夫子哂之。"求！尔何如？"对曰："方六七十，如五六十（里之国），求也为之，比及三年，可使足民。如其礼乐，以俟君子。""赤！尔何如？"对曰："非曰能之，愿学焉。宗庙之事，如会同，（衣）（玄）端（冠）章甫，愿为小相焉。""点！尔何如？"鼓瑟希，铿尔，舍瑟而作。对曰："异乎三子者之撰。"子曰："何伤乎？亦各言其志也。"曰："暮春者，春服既成。冠者五六人，童子六七人，浴（沿）乎沂（水之上），风乎舞雩（之下），咏而归。"夫子喟然叹曰："吾与点也！"三子者出，曾皙后。曾皙曰："夫三子者之言何如？"子曰："亦各言其志也已矣。"曰："夫子何哂由也？"曰："为国以礼（礼贵让），（而）其言不让，是故哂之。""唯求则非邦也与？""安见方六七十如五六十而非邦也者？""唯赤则非邦也与？""宗庙会同，非诸侯而何？赤也为之小，孰能为之大？"（《论语·先进·二十六》）

如果将这里的（一）（二）和（三）加以比照，

（三）的问答结构和（二）如出一辙，均是围绕着孔子，弟子们各自言说各自的志向。侍奉于孔子身边的人员的构成，（一）和（三）也是类似的，只是（三）当中追加了一个曾皙而已。而在大家各言其志的时候，（一）则展现出子路、冉有、公西华独有的特性，将其各自的气势都表现了出来。只是，（一）当中只是简而言之，而（三）当中则如注释一般有了更加详细的记载。换言之，在（一）当中，子路被评价为有治理千乘之国的赋税的能力，而在（三）当中，子路则自诩，即便这样的千乘之国遭逢战争和饥馑的灾难，自己也能在三年之内打造出一个有忠勇之气，而且知道尊奉法律的国度。虽然这里并没有忘了前面曾有过的"由也好勇"这样一句，但却加了一个孔子"哂"子路的细节，这一点值得深深留意。冉有也是一样的。"千室之邑，百乘之家"被置换为"方六七十，如五六十"，从面积上加以表现，而"可使为之宰也"则置换为"可使足民"。但礼乐之事，则非冉有所能办到的了。而接下来的公西华呢，在（一）中是一个可以束带立于朝堂之上的人，到了（三）则变为一个可以穿玄端、戴章甫，长于宗庙祭典之人。虽然用的措辞均不一样，但想要表达的意思其实是一样的。从以上的分析来看，尚无证据可以证明《先进篇》的这一章是基于（一）以外的何种材料。换言之，（三）就是基于（一）而来的。

那么，曾皙的回答又是怎么一回事呢？曾皙在（一）中全然未曾出现，但（二）中孔子的回答，则有必要放在这里加以比较。如同刚开始所言，这种问答场景的设计，与（二）是相似的，其目的，主要在于最后出来的回答。孔子在这里回答的"老者安之，朋友信之，少者怀之"，是极为平凡、安康的共同生活。与之完全相同的氛围，再加上些许隐遁生活的色彩，就是曾皙所说出的话了。孔子的回答和人间生活是密切联系在一起的，曾皙的回答则不如说是将重心移向了对自然的品味。不过，如果搁置这些相异点不论，孔子所说的"朋友信之，少者怀之"，同曾皙所说的"冠者五六人，童子六七人"，实在是不由得让人感到有某种联系在其中。即便是这些地方，恐怕也不会是基于（二）以外的任何特别资料吧。说起来，曾皙这个人，也是除了这个地方以外，齐鲁二篇河间七篇尚且不论，就是通览整篇《论语》也未曾现身过的弟子。《孔子家语》将其视为曾子之父，但《史记·孔子世家》则未曾记下这一说法。这样一个无名弟子，突然就出现了，而且还排挤掉了孔子非常知名的三个弟子。在这一番问答以后，孔子只向曾皙一人透露了自己哂笑子路的理由。比照其他的人类教师的传记资料加以考量的话，几乎足以断定，这一段记录乃是晚出之物。

自然，（三）这一章属于较新的历史断层，这一点并不足以减损其本身的价值。"暮春者，春服既成。冠者五六人，童子六七人，浴乎沂，风乎舞雩，咏而归"这一句，自古以来就为世人所爱。这确实是一句值得深爱的句子。不过，这和《论语》当中究竟哪一部分是属于更古老的历史断层这一问题，全然不是一个问题。恐怕，这一章乃是孔子学派的运动之外，独立诞生的民谣一类的东西，而《先进篇》的编者则将其采纳进了孔子的传记之中。

关于《论语》的原典批判，还遗留有诸多问题。不过，单就考察孔子的传记资料而言，以上的探究已经基本够用了。

注释

① 此处文本及断句悉遵作者原文，与国内通行版本有差异。

② 这里跳过了《泰伯》。

③ 值得留意的是，和辻哲郎在这里将"传不习乎"训读为"習わざるを伝うるか"，意即是说"自己所传授的东西，是否是自己都还没有很好掌握的"。

④《论语·乡党·一》：孔子于乡党，恂恂如也，似不能言者。其在宗庙朝廷，便便言，唯谨尔。

⑤《论语·乡党·二》：朝，与下大夫言，侃侃如也；与上大夫言，訚訚如也。君在，踧踖如也，与与如也。

⑥《论语·乡党·三》：君召使摈，色勃如也，足躩如也。揖所与立，左右手。衣前后，襜如也。趋进，翼如也。宾退，必复命曰："宾不顾矣。"

⑦《论语·乡党·四》：入公门，鞠躬如也，如不容。立不中门，行不履阈。过位，色勃如也，足躩如也，其言似不足者。摄齐升堂，鞠躬如也，屏气似不息者。出，降一等，逞颜色，怡怡如也。没阶，趋进，翼如也。复其位，踧踖如也。

《论语·乡党·五》：执圭，鞠躬如也，如不胜。上如揖，下如授。勃如战色，足蹜蹜如有循。享礼，有容色。私觌，愉愉如也。

⑧《论语·乡党·六》：君子不以绀緅饰。红紫不以为亵服。当暑，袗絺绤，必表而出之。缁衣，羔裘；素衣，麑裘；黄衣，狐裘。亵裘长，短右袂。必有寝衣，长一身有半。狐貉之厚以居。去丧，无所不佩。非帷裳，必杀之。羔裘

125

玄冠不以吊。吉月，必朝服而朝。

《论语·乡党·七》：齐，必有明衣，布。齐必变食，居必迁坐。

⑨《论语·乡党·八》：食不厌精，脍不厌细。食饐而餲，鱼馁而肉败，不食。色恶，不食。臭恶，不食。失饪，不食。不时，不食。割不正，不食。不得其酱，不食。肉虽多，不使胜食气。惟酒无量，不及乱。沽酒市脯不食。不撤姜食，不多食。

《论语·乡党·九》：祭于公，不宿肉。祭肉不出三日。出三日，不食之矣。

《论语·乡党·十》：食不语，寝不言。

《论语·乡党·十一》：虽疏食菜羹，瓜祭，必齐如也。

⑩《论语·泰伯·三》：曾子有疾，召门弟子曰："启予足！启予手！《诗》云：'战战兢兢，如临深渊，如履薄冰。'而今而后，吾知免夫！小子！"

《论语·泰伯·四》：曾子有疾，孟敬子问之。曾子言曰："鸟之将死，其鸣也哀；人之将死，其言也善。君子所贵乎道者三：动容貌，斯远暴慢矣；正颜色，斯近信矣；出辞气，斯远鄙倍矣。笾豆之事，则有司存。"

《论语·泰伯·五》：曾子曰："以能问于不能，以多问于寡；有若无，实若虚，犯而不校，昔者吾友尝从事于斯矣。"

《论语·泰伯·六》：曾子曰："可以托六尺之孤，可以寄百里之命，临大节而不可夺也。君子人与？君子人也。"

《论语·泰伯·七》：曾子曰："士不可以不弘毅，任重而道远。仁以为己任，不亦重乎？死而后已，不亦远乎？"

⑪《论语·泰伯·十八》：子曰："巍巍乎！舜禹之有天下也，而不与焉。"

《论语·泰伯·十九》：子曰："大哉，尧之为君也！巍巍乎！唯天为大，唯尧则之。荡荡乎！民无能名焉。巍巍乎，其有成功也；焕乎，其有文章！"

《论语·泰伯·二十》：舜有臣五人而天下治。武王曰："予有乱臣十人。"孔子曰："才难，不其然乎？唐虞之际，于斯为盛。有妇人焉，九人而已。三分天下有其二，以服事殷。周之德，其可谓至德也已矣。"

《论语·泰伯·二十一》：子曰："禹，吾无间然矣。菲饮食，而致孝乎鬼神；恶衣服，而致美乎黻冕；卑宫室，而尽力乎沟洫。禹，吾无间然矣。"

⑫《论语·为政·五》：孟懿子问孝。子曰："无违。"樊迟御，子告之："孟孙问孝于我，我对曰，无违。"樊迟曰："何谓也？"子曰："生，事之以礼；死，葬之以礼，祭之以礼。"

《论语·为政·六》：孟武伯问孝。子曰："父母唯其疾之忧。"

《论语·为政·七》：子游问孝。子曰："今之孝者，是谓能养。至于犬马，皆能有养；不敬，何以别乎？"

《论语·为政·八》：子夏问孝。子曰："色难。有事，弟子服其劳；有酒食，先生馔，曾是以为孝乎？"

⑬《论语·为政·九》：子曰："吾与回言终日，不违，如愚。退而省其私，亦足以发，回也不愚。"

⑭《论语·为政·十》：子曰："视其所以，观其所由，察其所安。人焉廋哉？人焉廋哉？"

⑮《论语·为政·十一》：子曰："温故而知新，可以为师矣。"

⑯《论语·为政·十二》：子曰："君子不器。"

⑰《论语·为政·十三》：子贡问君子。子曰："先行其言，而后从之。"

⑱《论语·为政·十四》：子曰："君子周而不比，小人比而不周。"

⑲《论语·为政·十五》：子曰："学而不思则罔，思而不学则殆。"

⑳《论语·为政·十六》：子曰："攻乎异端，斯害也已。"

㉑《论语·为政·十七》：子曰："由，诲汝知之乎？知之为知之，不知为不知，是知也。"

㉒《论语·为政·十八》：子张学干禄。子曰："多闻阙疑，慎言其余，则寡尤。多见阙殆，慎行其余，则寡悔。言寡尤，行寡悔，禄在其中矣。"

㉓《论语·为政·二十二》：子曰："人而无信，不知其可也。大车无輗，小车无軏，其何以行之哉？"

㉔《论语·为政·二十三》：子张问："十世可知也？"子曰："殷因于夏礼，所损益，可知也；周因于殷礼，所损益，可知也。其或继周者，虽百世，可知也。"

㉕《论语·子罕·十一》：颜渊喟然叹曰："仰之弥高，钻之弥坚，瞻之在前，忽焉在后。夫子循循然善诱人，博我以文，约我以礼，欲罢不能。即竭吾才，如有所立卓尔。虽欲从之，末由也已。"

㉖《论语·颜渊·一》：颜渊问仁。子曰："克己复礼为仁。一日克己复礼，天下归仁焉。为仁由己，而由人乎哉？"颜渊

曰："请问其目。"子曰："非礼勿视，非礼勿听，非礼勿言，非礼勿动。"颜渊曰："回虽不敏，请事斯语矣。"

㉗《论语·颜渊·十一》：颜渊问为邦。子曰："行夏之时，乘殷之辂，服周之冕，乐则韶舞。放郑声，远佞人。郑声淫，佞人殆。"

㉘《论语·子路·三》：子路曰："卫君待子而为政，子将奚先？"子曰："必也正名乎！"子路曰："有是哉，子之迂也！奚其正？"子曰："野哉由也！君子于其所不知，盖阙如也。名不正，则言不顺；言不顺，则事不成；事不成，则礼乐不兴；礼乐不兴，则刑罚不中；刑罚不中，则民无所措手足。故君子名之必可言也，言之必可行也。君子于其言，无所苟而已矣。"

四、孔子的传记及语录特征

在第二章中，我们已经得出了结论，关于孔子的传记资料，唯一可以信凭的只有《论语》而已。而后在第三章中，我们考察出来，《论语》中历史最古老的一层是《学而》《乡党》这两篇，以及《为政》《八佾》《里仁》《公冶长》《雍也》《述而》《子罕》这七篇。这些均出自孔子的徒孙辈，甚或是更晚辈之手。那么，我们在这里所挖掘出来的孔子的传记，如果和其余几位人类的教师相比，又有什么样的特点呢？

在我看来，面对这一问题，首先应当给出来的是与孔子之死有关的记录。上述九篇之中，稍稍能够和这一问题挂上一点钩的，也就是前面在一百一十二页①引用的《述而》和《子罕》中各有的一章而已。孔子在生病之际，祈祷了相当一段时间后，就无意再多加祈祷了。而当病况愈下之时，则为了筹备死后事宜，告诉弟子们，自己与其以一个大人物的身份死去，毋宁以一夫子的身份，死于二三门人之手。关于孔子之死，也就只有这些材料了，比较确切的记载尽数在此。在记叙下这些事情之时，孔子是否已经死了，全然不知。尽管我读这些段落的感受就是如此，但《礼记》《左传》《史记》等都是不承认这一点的。换言之，作为最古老的记录，《论语》并无对孔子之死非常明确的记录。这一点，乃是人类教师之中，非常罕见的。

我之所以要力陈这一点，只要和前面所列举的其他三位人类的教师加以对比，就一目了然了。在这三人之中，只要为了求其确切的传记资料，而溯源关于他们的各类传说，都会碰到关于他们的死这件事。无论是关于释迦牟尼的《涅槃经》，或者是耶稣的《福音书》，还是关于苏格拉底的《柏拉图对话录》及《回忆苏格拉底》，均是如此。当然，对众弟子来说，对老师的继承，在其师死后就开始了，因此，弟子们往往不是在最后才谈及他们老师的死，而是在一开始就谈及这一问题。不过，在这种情况下，弟子们都不是单纯地谈论其师的"终焉"。他们的死，都成为他们教诲的核心部分，因此这种死都是作为非常独特的死而被传颂的。耶稣死于十字架，意味着一种对人类的救赎。释迦牟尼则是觉悟了永生，却以自我的意识选择死，以此向人们证明涅槃，或曰解脱。苏格拉底亦是如此，明明可以逃亡以求生，但却甘愿服从不正当的判决，作为一种对其伦理觉醒的证明，饮下毒酒。这三人的死，均是基于一种自由的觉悟，而对弟子们的灵魂予以强烈的冲击。这样一来，他们在生前的教诲，会借由死亡的机缘，在其死后展现出更强大的效果。因此，在这些教师的传记之中，他们的死都被赋予了极为重大的意义，也就不难理解了。

当然，这三位教师的死，因为其所承载的文化有别，其大体的方式也有所差异。释迦牟尼的死是环绕在弟子们的深情厚谊之中，有一种安宁但又亲切的氛围，在安静的最后说法之后，又极为安静地死去。而耶稣的死，则裹挟着一种宗教的憎恶，全然是一种狂乱的氛围，在古怪的叫喊声后，以极其残酷的方式演绎了出来。前者是牧歌般的平和，后者则是悲剧般的阴惨。苏格拉底的死既非前者那么安宁，亦非后者那么阴惨。然而，苏格拉底是死于众弟子们爱的环绕之中，这一点与前者类似，同时，他也死于政治家的憎恨和民众的反感，因而被判决死刑，这一点上又和后者类似。因此，他最显著的特征，不是说像上面那样受到一种憎恶的包围，而在于他的死是基于城邦的裁判，是在一种公正、公开国家法典的活动中被判决了死刑的。在前两例中，其祖师的死，都和国家没有任何关联。如果一定要说前两者和国家的关系，释迦牟尼是受到尊敬的，而耶稣，可以说国家对他的态度是比较冷淡的。然而，其祖师之死本身的意义，是超越国家的。而在苏格拉底这里，苏格拉底是用自己的死，来彰显国家法典遭到了不正当的搬用，但他却依旧对国法怀有敬意。

这样的人类教师，其死亡均承担着重大的意义，而且他们死去的方式也展示了其作为教师各自不同的特性。唯有孔子这一例，不是这个样子。对其弟子们而言，孔子之死并不具有任何特别的意义。因此，在《乡党篇》收录了最早的孔子传记时，对孔子之死，一言未载。如前所说，这是一个日常生活的祖师传，是日常茶饭之中的孔子传，而非一个以伟大之死或者阴惨之死为中心的祖师传。孔子当然是死了，但是他的死亡方式，却是最平凡不过、最普通不过而已。当然，也不是不能说，这种最普通的死亡方式也昭示了孔子的一些特征。不过，这里我们想谈的问题还是在于这样一个事实，那就是孔子传中并未涉及孔子之死。也即是说，将孔子传和其他几位祖师的传记进行比较之时，孔子的死并没有成为孔子传记叙者的一个问题。在我看来，正是在这一点上，能够看出孔子传的一些显著特征。

孔子传是唯一一个没有将死设定为中心的祖师传，这一点，恐怕也和孔子全然没有谈及过死这一问题有关系。死的问题，也和灵魂的问题连在一起，这也是一个孔子完全不曾言说的问题。至少在前面专门探究的《论语》上论九篇之中，弟子们没有记叙过任何一句孔子与此相关的话。只是到了下论的《先进篇》，有：

季路问事鬼神。子曰：“未能事人，焉能事鬼？”曰：“敢问死？”曰：“未知生，焉知死。”（《论语·先

136

进·十二》）

　　这一章的问答被记载下来，非常显眼。当然，这个问答可以视为孔子拒绝回答关于灵魂或者死的问题。仅就这一点而言，也足以证明前面我们的观察。然而，这一问答能揭示出来的问题不止于此。如前详述，《先进篇》故意贬低子路，这一点是非常明显的。必须要看到的是，在这样的《先进篇》里，以这一则问答作为贬低子路的几则问答中的头一篇，正是为了展现子路提出的问题是何其愚蠢。对于死的问题，据这里的记载，子路说的是"敢问死"，也可看出这样的特点。问死这件事，对孔子的弟子而言，是不合适的。因此，记叙者自己加上了这句"敢问"。对这个问题，孔子的回答中透露出一种不愿理睬的意味。人伦之道，尚且不知，也未能践行，却一个劲儿谈些什么灵魂和死的问题。如果理解了上述问答就不难发现，孔子不仅未曾提及过死和灵魂的问题，甚至在孔门学徒之间钻研这个问题，都是一件可耻的事情。如果从这一心绪来看，孔子不谈死的觉悟的问题、超越生死的问题、死人复苏的问题、灵魂不死的问题，恰恰应当被视为他的特征之一。其实，灵魂不死的问题，也是释迦牟尼拒绝谈论的问题。不过，对释迦牟尼而言，以灵魂不死为前提，斩断轮回，是一个理论上的大问题，因此，他也不能完全脱离于此。所以可以说，唯有孔子，完全不涉及这一问题。孔子的说教之中，完全没有那种神秘主义的色彩，其原因想来就在这里。

　　然而，恐怕还会有人说，孔子不还有一种"天"的思想吗？有学者认为，这个"天"应当解释为宇宙的主宰神，孔子从这样的主宰神那里接受了一种复兴"道"的使命，由此开始了自己的活动。不过，孔子所言及的这个"天"真的有这样一种人格神，或者说唯一神的面貌吗？如果孔子终其一生的活动，都是以从这样一位唯一神那里受领的使命为基础，那么，在孔子学徒构成的学园之中，一定会以某种形式，强调对这样一种神的信仰才对。可是，作为学园纲领的《学而篇》，也没有一句话谈及过"天"。《论语》上论九篇中，孔子亲口谈及"天"，只出现在了以孔子体验和经历为主题的《述而》《子罕》两篇而已。然而，这些章节讲的都是孔子深陷命运的穷境之中，已经到了危急万分的瞬间。孔子在流浪途中，在宋差一点点就被司马桓魋所杀。这个时候：

子曰："天生德于予，桓魋其如予何？"（《论语·述而·二十三》）

此外，还有一件事被认为发生在这之前：

子畏（拘）于匡。曰："文王既没，文不在兹（吾身）乎？天之将丧斯文也，后死者（孔子自称）不得与于斯文也；天之未丧斯文也，匡人其如予何？"（《论语·子罕·五》）

在这里，孔子很明显将自己的命运归于天意。孔子所确信的是，既然天意要让孔子传道的话，那么以人为之力，想要打破这一天意是不可能的。在这里，很明显地指向了一个超然之物，此物让孔子孕德而生，肩负着周文王之"文"。不过，这果真就可以说是宇宙的主宰神，抑或是唯一神吗？仅仅靠上面这句，无论如何也不能证明这一点。这个"天"，无论是解释为一个漠然的、在人力所能及的范围之外的东西，还是解释为一种无论人怎么做都注定要遭逢的艰难命运，对上述这个句子而言，都说得通。事实上，人们即便完全没有把这个

"天"当成信仰的对象，但仍然会以足够的虔诚之心看待"天"。对于这些人来说，即便将"天"理解为主宰宇宙人生的法则，也没有任何问题。他们感觉到，只要服从这个"天"的命令或意志，就能从中获得一种不可动摇的信念。不过，并不能因为这个"天"有一种命令或意志，就将其视为一种带有人格的东西。也即是说，"天"并不会像耶和华传命给摩西那样，通过语言将命令传达给人。只是感受到了一种支配着自己的、深刻的理法，将其称作天的命令而已。在这层意义上，我们在现实生活中也会接触到这样尊敬天的人，但并不能言之凿凿地说，这种人心中所有的观念，就是孔子的"天"的思想。但是，这样的人站在上述立场上，肯定会将孔子尊为真正的圣人。我认为，我们并不能因为孔子言及了"天"，就直接将其定义为宇宙的主宰神。不仅如此，在《论语》的《八佾篇》中，孔子曾谈及过宗庙祭祀②、泰山之旅③、禘祭④、告朔之饩羊⑤、社之树⑥等，然而，孔子的核心都是维系礼，而不是要鼓吹一种信仰。关于祭天的禘祭，孔子既不愿意观，也不愿意说。一言以蔽之，在较古的《论语》之中，几乎没有证据可以认为"天"是宇宙的主宰神。

然而在同属上论，却又被我们排除出较古的《泰伯篇》中，出现了几句基调颇有些不同的话。在赞美尧的话中，有一句"唯天为大，唯尧则之"，便属此例。下论部分同样也是如此：

颜渊死。子曰："噫！天丧予！天丧予！"（《论语·先进·九》）

子曰："莫我知也夫。"子贡曰："何为其莫知子也？"子曰："（我）不怨天，不尤人。下学（人事）而上达（天命）。知我者，其天乎！"（《论语·宪问·三十五》）

子曰："予欲无言。"子贡曰："子如不言，则小子何述焉？"子曰："天何言哉？（然）四时行焉，百物生焉，天何言哉？"（《论语·阳货·十九》）

这些"天"，可以说有一个前提，就是它可以司管人的生死、知人，并且支配自然的运行。原本，天什么都不会讲（天何言哉？），在这一点上和人格神是完全不同的，甚至可以说，天更像是一种漠然的、无限深的理法一般的东西，这样解释从上述资料来看会更妥帖一

141

些。不过，我认为仍然需要承认的一点在于，相较于前面的上论，在下论中的"天"多少还是增强了几分主宰神的面貌。也不得不承认的是，这里的"天"和《诗经》《书经》中的"天"已经非常相似了。这样来看的话，相较于较古的《论语》，孔子所言的那个"天"，在较新的部分中，被认为同样出自孔子之口的"天"，则更趋近于《诗经》和《书经》了。希望人们能够将前面所引述过的津田左右吉的意见，也即是说《诗经》和《书经》的成书要晚于孔子近百年的时间，综合起来加以思考。认为有一个司管人的生死、自然现象的宇宙的主宰神，这种想法可以说和孔子距离太远了。孔子从未说过一种宗教意义上的神。

再看看上面的这一问题，孔子和释迦牟尼、耶稣的差异就非常明显了。触及那个宗教意义上的绝对者，或者通过觉悟进入一种绝对境界，都不是孔子关心的问题。孔子即便谈及"天"，也从来没有带有苏格拉底的代蒙⑦或者神谕那种宗教色彩。不过，孔子依旧热衷于道，而且没有任何不安。孔子的态度体现在：

朝闻道，夕死可矣。（《孔子·里仁·八》）

道，是重大的。夕阳西下之时，一个人的灵魂是能够得到救赎也好，不能得到救赎也好，或者说能够得到永生也好，不能得到永生也好，都不是问题所在。只要能够理解道，并且实践道，也就足够了。不过，这里的道，是人伦之道，绝非神之道或觉悟之道。只要踏上了人伦之道，也即是说，实现了仁，践行了忠与恕，那对这个人而言，也就没有什么好恐惧，没有什么好不安的了。因此，在孔子的说教之中，全然没有任何神秘色彩，也从来没有必要要求他人"唯其不合理，因而务必信仰"。所有的一切，都是符合道理的。在这个意义上，孔子的学说承认这样的人伦之道本身就具有绝对的意义，这就是其最显著的特征了。

孔子的学说中并不重视死、魂、神这一类问题，在我看来，这一点也昭示了孔子在思想史上极为特殊的地位。何以这么说呢？在古老的时代，无视这一类问题的思想家，均是作为一名与原始信仰以来的宗教传统决然断裂的革新家而出现的。然而，在孔子本人的言行中，基本上见不到什么革新家的面貌，甚至可以说，应当遵照孟子所言，将其视为周文化的集大成者。

其他几位人类的教师，均是革新家，这恐怕无人会有异议。释迦牟尼想要从内部打破之前印度社会中永恒不变的、稳固的四姓制度，并且克服古代的吠陀信仰和《奥义书》哲学。他的"无我"主张也是对"我"（Ātman）这一哲学的反驳。耶稣也是如此，他对以犹太教的形式固定下来的以色列文化进行反抗，开始倡导新的人伦理念。在《福音书》的故事之中，他的正面敌人包括大祭司、学者、法利赛人，就表现了这一点。苏格拉底所对抗的，是在他的那个时代非常流行的智者派的运动。苏格拉底想要复兴真正的哲学精神。古希腊人古老的、对神的信仰，已经受到自然哲学者以及智者的影响，从而发生了动摇，对苏格拉底而言，可以说他是想要针对这类从殖民地传来的思想，复兴古希腊本土的神谕信仰。不过，他被判处死刑的理由竟然是危及了对神的信仰。可以说，人类的教师的思想均是先于一般人，作为一种要打破他们之间的信仰形象而出现在历史之中。

当然，也不是没有人提出解释，说孔子亦复如是。据这种说法，孔子之前的时代，无论宗教、道德，还是政治，一切都以敬天为中心。天作为宇宙的主宰神，给人间赐下祸福赏罚。因此，敬天、遵从天命，是所有行为的中心所在。然而，孔子所宣扬的立场是以人为中心的。在孔子的理论之中，道即人之道，或者是道德。即便敬天，也是基于道德的立场。并不是说因为敬天，就能从天那里获福；唯有协同于道，才能获得天的嘉奖。这是一种思想史上的革新。孔子，也是一位革新家。

不过，这一说法有一个前提，那就是我们可以通过《书经》《诗经》等书知晓孔子之前的思想和信仰。然而，这一前提是确切的吗？如我们在前面几次表示过担忧的一个问题，倘若这些书都是成于春秋末期到战国时代的作品的话，那又该怎么处理这一问题呢？这样一来的话，思想史的顺序就完全颠倒了过来，孔子作为革新家的意义也就消失了。这绝不是一个大胆得过了头的观念。即便暂且放下《书经》《诗经》在孔子之后这样的想法，至少《礼记》一书成书于汉代，恐怕没有什么太大的反对意见吧。从这本书来看，那些所谓孔子之前的思想信仰，事实上显著地存在《礼记》之中。我们可以以《礼记》为材料，抽取出非常原始的信仰和祭祀仪式。不仅如此，如果考虑到汉代的易和道教均非常盛行这一点，再考虑到孔子以人伦为中心，彻底地贯彻了理性，可以说，汉代的思想反倒是更接近论者所谓的"孔子以前的思想"。将这些情况合往一处来看，很难直接同意上述论者的说法。

不过，我们也不能直接断言，孔子就绝非一个革新家。这当然也有可能是事实，但是，在孔子最古老的传记之中，孔子完全没有被描绘为一个革新家，这一点才是值得注意的。孔门众弟子从来没有说孔子提出了任何新东西，甚至可以说，弟子们强调的是，孔子复兴了很多古老的东西，使其死而复生，或者想要将其重新确立起来。这当然也有可能并非孔子本人的倾向，而是孔子弟子们的倾向。然而，无论如何，《论语》中越是偏后的部分，越是能清晰地看到，有一种倾向是，将过去视为黄金时代，将过去作为一种理想，作用于现在与未来。孔子正是这一思想运动的起点，这样的一个孔子，无论如何都很难被视为一个革新家。

本来，对孔子的复古主义而言，是需要严密限定的。相当于《论语》中最古老部分的《学而》《乡党》

这两篇中，对夏殷周的文化也好，尧舜的故事也好，一句也未曾提及。然而，到了相当于其后七篇总论的《为政篇》里，已经提及夏殷周之礼了。而后，到了以礼为主题的《八佾篇》中，这一点已经以一些不同的形态展现出来了。如果将这些部分并排起来，就如下所示：

（一）子张问："十世可知也?"子曰："殷因于夏礼，所损益，可知也；周因于殷礼，所损益，可知也。其或继周者，虽百世，可知也。"（《论语·为政·二十三》）

（二）子曰："夏礼，吾能言之，杞不足征也；殷礼，吾能言之，宋不足征也。文献不足故也，足则吾能征之矣。"（《论语·八佾·九》）

（三）子曰："周监于二代，郁郁乎文哉！吾从周。"（《论语·八佾·十四》）

这三者一致的地方在于，均是对周的文化和风俗进行赞美，然而其差异点在于，夏殷之礼，虽然据其损益，应当可以知晓，但是并无证据可以将其明明白白地呈现出来。恐怕在（一）当中，孔子想要说的是，周的文化，保存了夏殷文化中的优点，虽然因为时代的变迁有所变动，但其恒久的价值却始终保存了下来。这样来看的话，就和（三）是一样的意思了。不过，如果要说能够知晓夏和殷的文化的话，在文献方面存在不足。（二）中所说的意思，十分值得注意。孔子明确说自己知晓周的文化，并且说"吾从周"，然而夏和殷的详情，则无法明了了。正是因为不能将其明明白白地展现出来，所以孔子即便想谈夏殷两代，却还是什么都没说。孔子明明连夏殷都不谈，却要去谈一个更遥远的尧舜，这一点能够得讲得通吗？果真，在河间七篇中，除了《雍也篇》的末尾部分出来了一个尧舜的名字之外，尧舜从未出现过。不过在这一章中，其实即便将包含尧舜之名的那句话删掉，对该章整体的意义也没有任何损害。甚至可以说，把那句话删掉，全章的意思反而能够更明白一些。这一倾向实则不仅仅局限于河间七篇而已，《论语》下论十篇当中，没有涉及尧舜故事的总共达到了八篇。整本《论语》，涉及尧舜的篇章，除了上述《雍也篇》之外，也只有《泰伯》《颜渊》《尧曰》三篇罢了。而这当中，《颜渊篇》的尧舜故事，在子夏的话里面，《尧曰篇》和《泰伯篇》，则无法判断究竟是谁讲的话，实在有些暧昧。孔子本人讲出来的尧舜故事，只存在于《泰伯篇》中的两章而已。这样来看的话，《泰伯篇》和《尧曰篇》属于《论语》当中最新出现的一个历史断层，已经一目了然了。《论语》本身所存在的这一事实，再加上尧舜的故事越是在孔子传的晚近部分，越是以浓墨重彩的形象出现，以上两点合而观之，则基本上可以肯定，孔子本人根本就没有说过尧舜的故事。

从以上结果来看，孔子所代表的，就是他眼中的周文化。尧舜、三代之初的故事，只不过是孔子以后战国时代的产物而已。当然，毋庸置疑的是，周文化也汲取和保存了许多先前的文化，但对孔子而言，这部分均是文献不足征的内容。这一点更是可以证明，孔子所理解的前代文化，并非那些在日后才产生出来的尧舜和三代的故事。此外，孔子所尊重、所强调的周文化，其相关文献，最古的也不过就到《论语》这里为止了。这样的话，对我们这样的后来人而言，孔子直接就站在了中国思想史的起点上了。正是因为诞生了孔子这样的大思想家，故而我们可以推想，在孔子之前，或者与他同时代的时候，也肯定会有很多的思想家出现。但这终究只能是单纯的推测罢了，我们没有任何相关的证据。当然，我们也没有证据说，除了孔子以外，这样的思想家就一个都没有了。《论语》当中也有几次问及孔子的老师是谁这一问题，但其回答基本上都是持否定的态度。这一事实，多少也可以算作证据吧。

孔子虽然代表了周的文化，并且持有一种复古主义的倾向，但依旧是一位原初型的思想家，这就体现了孔子在思想史上的独特地位。其他三位人类的教师，均没有这样的特点。不过，在孔子之后，不仅孔子学派出现，诸子百家也纷纷现身了。简直可以说，在这一时期，对于人生，各种各样的思考都被穷尽了。站在这样一种思想史的成熟期的潮头的、原初型的思想家，自然通过这样一种思想上的关联，而成为最后的胜利者，活成了永远的思想家，这便是孔子。

这样一位伟大的思想家，其"思想"究竟是什么呢？此时此刻，我自己完全没有兴趣来一一"叙述"他的思想。对于那些想要接近孔子思想的人而言，还是反反复复熟读《论语》为好。整部《论语》，相较于现在我所写的这本书，分量还要更少。此外，对于阅读《论语》的方法，我还想讲一点可能会起到参考价值的东西。《论语》中藏有无数的珍宝，而且是不能用其他的语言来重新讲述一遍的。而且，这些孔子的话都凝结成了一些非常漂亮的句子，唯其如此，原初型的思想家孔子才会成为一位永远的思想家。那么，我想要在这里就孔子的语录这一特殊形式好好讲几句，作为这本小书的结尾。

毫无疑问，《论语》中孔子的话，都是为了传递孔子的思想，然而，这并不是单纯地将一些具备客观意思的内容，以一种符合逻辑的方式讲述出来。孔子本人，在向弟子说教的时候，也有可能是将他的思考建立在一种缜密的秩序之上加以论述，但就《论语》而言，书中所收录的均是那种短小的、格言式的命题。这当中也可以分为两种类型，一种记录的是孔子和弟子之间的问答，还有一种则是完全独立的命题。问答，是和孔子的言说方式密切联系在一起的。孔子的问答，不是用语言将一种定义确切、毫无歧义的思想表现出来，而是以孔子和弟子从人格层面的交流为背景，展现一种活生生的对话关系。由此,在对话之中,孔门弟子们的人物和性格,其问答进行时的境遇等等,均可以被掌握到。这就成为这些对话的一个背景,并为这些对话的命题带来了更多意蕴和话外之音。然而,孔子的对话,并不像是苏格拉底的对话,是对问题进行一种理论上的展开,而是以弟子问、老师答这样的形式就能完结的对话。也即是说,这些对话都是一个回合即决定胜负。因此,这些对话只针对关键之处展开。孔子的回答,以一种非常简洁、锐利甚或是一种立意新奇的形式被刻画了下来。有关这一点,我们其实已经三番五次地举例加以说明了。我们在阅读、玩味这类问答的时候,不仅仅只是一种逻辑上的思想的运动,而是能感觉到,我们和那些孕育了这些思想的人,有了活生生的接触。

孔子的话语中,即便不是这种以问答为核心的命题,而是那种完全独立命题,也有一种非常不可思议的、让人直接感受到其相关背景的力量。例如:

子曰:"不在其位,不谋其政。"(《论语·宪问·二十六》)

这句话的意思是,那些不在其位的人,往往也就不需要承担任何政治责任。他们在批判或操纵政治时，往往是因为反感在位者，或者是受到名利的蛊惑。出于这类主观动机，他们的言语、行动大多没有什么责任感可言。这样一种情形，无论在任何时代，人们都常常可以在自己身边见到。又或者是：

子曰："众恶之，必察焉；众好之，必察焉。"（《论语·卫灵公·二十八》）

这一句话乃是基于大众喜好附和、喜好趋同这样一种痛苦的现实。这样一种现实，对任何时代的人而言，都是一样的。这一类的例子，可以举出太多太多。不过，无论是大众喜好附和趋同也好，还是站在无责任的立场上的人往往只会说出一些空疏的政论也好，如果想从正面入手，加以详细论述，肯定都会变成非常长的长篇议论。如果是苏格拉底的话，就会进入这一议题，然后一骑绝尘地议论下去吧。然而，孔子的话里，常常是将这些问题藏入背景之中。就这样，孔子往往将详细考察后得出来的结果，悄悄地置入前提，至于面对这一问题，最应该采取的对策，他往往只干净利落地选出最简要的一点，将其展现出来。

如果仔细想一想的话，这便是所谓的格言，也即是说，在漫长的时间，无数的人都做过同样的事情，也得到了同样的结果。过去，寺田寅彦⑧氏曾经说过这样的话，一国的国土之内，一家住宅的建设方式，一个村落的选址方法，往往藏有许多同地震、暴风、湿气等相关的深刻智慧。这都是在漫长的时间中，国民经过种种经验，自己得来的智慧，往往比单个学者的理论意识更好。所谓格言，就和这种东西一样，是关于人生诸事的智慧。这些格言并不会讲述得到这些结论的过程，也不会展现出其考察的原理。然而，格言之中并不失智慧。

　　孔子所讲的话当中，凡独立的命题，均像是这种格言般的东西。稍有不同的，恐怕是孔子的这些格言，都是基于一定的思想立场、伦理原则之上吧。格言一般是在民间，经过长期的淘汰之后留下来的东西，与之相对应，孔子所讲的话也经过了后代学者的反复锤炼。由此，孔子的这些话都成为一种讲述人生深刻智慧的语言，留存了下来。

　　孔子语录的这一特征，倘若和其他人类的教师的语录比较一番，就能有更鲜明的体现。前面列举过的苏格拉底的对话，是对问题自身的发展，不会在一问一答之后就完结。因此，孔子的问答均为非常简洁的形式，而与之相对的苏格拉底对话，如《柏拉图对话录》所示，完全成为一种堪比戏曲的庞大文艺形式。而耶稣的语录，则是一种镶嵌着众多优美譬喻的美丽说教，如今都凝聚在《福音书》中近乎戏曲一般的故事里。耶稣的语录当然也有一种断片式的格言效果，但就其形式而言，可以说更接近故事。释迦牟尼的语录则从很早开始就是作为法的纲要而形成的，主要是用来展现释迦牟尼说法的梗概要领，这种形式和释迦牟尼的哲学根本命题是吻合的。后世有一些镶嵌了法的纲要的故事也被创作出来，得到了更大程度发展，演变为了一些具备庞大戏剧结构的经典。如上所述，《柏拉图对话录》、《四福音书》、佛教经典等等，均超越了语录这一形式，而演变为一种巨大的、统一的作品。而《论语》说到底仍只是语录而已。简短的一个个句子、一个个问答，作为一种作品，都保持了统一。无论是《论语》各篇的编纂，还是《论语》整体的编纂，都只是真正意义上的"编纂"而已，并无在此之上的意图。也即是说，孔子的语录，具有一种真正符合语录这一形式的特征。

这样一种语录的传统在中国一直强劲地延续了下来。作为中国思想史上最值得关注的一节——禅宗，就始终用这样一种语录的形式。杰出的禅师当中，致力于将其思想以某种秩序的方式加以陈述的，恐怕当属日本的道元⑨。读着孔子的语录，头脑里头却会浮现出禅宗的语录，这在诸多意义上也是颇为有益的一点吧。

注释

① 这里的"一百一十二页"是就日文原版而言。所引两章为：
子疾病，子路请祷。子曰："有诸？"子路对曰："有之。谏曰：'祷尔于上下神祇。'"子曰："丘之祷久矣。"（《论语·述而·三十五》）
子疾病，子路使门人为臣。病间，曰："久矣哉！由之行诈也，无臣而为有臣。吾谁欺？欺天乎！且予与其死于臣之手也，无宁死于二三子之手乎！且予纵不得大葬，予死于道路乎？"（《论语·子罕·十二》）

②《论语·八佾·十二》：祭如在，祭神如神在。子曰："吾不与祭，如不祭。"

③《论语·八佾·六》：季氏旅于泰山。子谓冉有曰："女弗能救与？"对曰："不能。"子曰："呜呼！曾谓泰山不如林放乎？"

④《论语・八佾・十》：子曰："禘自既灌而往者，吾不欲观之矣。"

《论语・八佾・十一》：或问禘之说。子曰："不知也。知其说者之于天下也，其如示诸斯乎！"指其掌。

⑤《论语・八佾・十七》：子贡欲去告朔之饩羊。子曰："赐也，尔爱其羊，我爱其礼。"

⑥《论语・八佾・二十一》：哀公问社于宰我。宰我对曰："夏后氏以松，殷人以柏，周人以栗，曰使民战栗。"子闻之曰："成事不说，遂事不谏，既往不咎。"

⑦ "代蒙"（daemon），古希腊人认为存在于人和神之间的、兼有善恶的超自然存在。在《苏格拉底的申辩》中，苏格拉底曾说自己受到过代蒙的告诫。

⑧ 寺田寅彦（1878—1935），日本物理学家，俳句诗人。

⑨ 道元（1200—1253），日本佛教曹洞宗的开山祖师，著有《正法眼藏》。

附录

武内博士的《论语之研究》

　　我在本书七十八页①以下，按自己的叙述方式引用过武内博士的演讲，而后在武内博士的《论语之研究》公开出版之后，得以拜读，方才明白自己的理解有不足之处。在这本书再版之际，本应针对这些地方重新撰写。不过，读了《论语之研究》的序文，才知道我的这份有所不足的介绍和议论，竟然多少对博士出版此书起到了一些促进作用，这倒真是收到了一份不曾想见的效果。考虑到这一点，上述部分暂且就这样原封不动吧，我的订正内容还是另附于卷末比较好。在这里，我选取出我在《论语之研究》一书出版时写给世人的一篇推荐文章，附加于此，也起到一种订正的效果。

昭和二十三（1948）年一月

昭和三（1938）年底，在京都召开的中国学会大会上，武内博士就《论语》的原典批判，作了一次极为出色的演讲。我感觉到，当时所受到的触动，会始终像一种新鲜的刺激，引起我对《论语》的兴趣。但凡有余暇，我就想要继续跟进博士的研究，这一念头在之后从未断过。但遗憾的是，我之后一门心思在自己的领域里钻研，不再有余力继续跟进博士的研究。所以，我就这样漠然地，以为博士的演讲内容肯定已经发表于专门的学术杂志上了。几年之后，在答复一位年轻的伦理学学者的问题时，我推荐他读读这篇论文。这个男生很快地将文章找了出来，并报告说自己读过了。但他只是说自己叹服于其精密的考证工作，并没有展现出那种我所预期的反应。我虽然觉得有点不可思议，但并未注意到自己的错误，只是在心里暗自嗟叹不已。同样的经历，之后又重复了两次、三次。但直到最近，我才终于意识到自己的错误——武内博士的那一场演讲并未发表。这样一来，凡是受我推荐而去找文章来读的人，恐怕都是读了博士的《汉石经论语残字考》。我终于才明白当时自己何以和那位年轻的学者在问答上有不合拍的地方。

现如今刊行的这部《论语之研究》，是在当初的那场演讲中所呈现出来的思考之上，更进一步精密论证后才得来的产物。我自己在拜读之后，唯有感谢和满足。在这本书成形以前，我就已经劝人读这本书了，因此，如今面对这本书，自然禁不住有一个念头，想要在世人面前广泛地宣传此书的长处。不过，这本书是一本纯粹的学问之书。倘若不是热爱学问之人，没有必要接近这本书。但与此同时，凡是在学问上对《论语》抱有关心之人，则不得不读一读这本书。这本书对《论语》研究而言，是一本划时代的作品，将来的研究也必将以此为出发点。

本书在序论部分，大体概述了《论语》原典研究的历史。著者首先从现存四五百种以上的《论语》文献中，列举了具有代表性的何晏《论语集解》和朱熹《论语集注》，对此详加检讨。著者尤其想要让读者注意的是，在何晏《论语集解》的序当中，有许多地方能提供关于《论语》原文的线索。在这当中，著者对《鲁论语》《齐论语》《古文论语》，以及与之相关的张禹、包咸、孔安国、马融、郑玄、王肃等学者，均予以了详尽的考察。接下来，著者考究何晏《论语集解》的注疏，从皇侃、邢昺开始，一直追踪到清代的考证学者刘宝楠、潘维城。朱子的《论语集注》则与前者不同，注重理论上的解释，步入清代，虽然受到了考证学的影响，但依然独成一派。不过在著者看来，这一派并不值得过分关注。在对《论语》文本的研究史上，并不次于以上两种流派者，据著者看来，当属伊藤仁斋[②]和山井昆仑[③]，两人均提出了一些"中国历史上还未曾有过的、独属于日本学者的对《论语》的见解"。这里就不仅仅只是严密地，从学问角度对文本进行校勘，更进一步，步入了对《论语》原典进行高等批判的程度。校勘学已经为清代的考证学者充分吸收，但是对原典进行自由的批判，则在中国尚未充分展开。武内博士将这一始于日本学者的道路向前大大地推进了。这一道路，在我们看来也正好是原典批判的正道。自 19 世纪以来，对古希腊的古典、新旧约《圣经》、印度的古典，相关原典批判均取得了显著的进步。这一工作，和日本先儒所做的工作，大体出自同一种方法。

在这样的序论之后，著者的第一章主要讨论了《论语》的文本校勘。这一工作实际上在著者的其他论文（该书附录中所收的两篇论文即属此类）中论述得更为详细，对我们这样的局外人而言，这一章能够直呈要领，实在是非常难得。在这里，著者明确了中国的标准文本是"开成石经"，而日本的标准文本是"教隆本"。此外，著者更深究正平版《论语》，并得出了一个结论，"教隆本"是进入关东的清原家的证本④，与之相对的是，正平版《论语》则是摹写京都的清家家传本付梓的⑤。此外，著者还言及，前述两种标准文本似乎即是河北本和江南本之别。

在文本的校勘之后，第二章则是对《论语》原典的高等批判。首先谈及的是何晏《论语集解》的序中所谓《鲁论语》《齐论语》《古文论语》的问题。著者经过绵密的论证，证明这当中的区别无非只是因为文字变迁而导致的异本而已。而据说是汉武帝时从孔子故宅中挖出来的《古文论语》就是这些异本的源头。著者调查了在汉武帝以前的文献中所征引过的孔子之语，发现不见于今本《论语》者众多。据此可知，当时人所见的孔子语录，恐怕不是今天的《论语》。自然，这也衍生出一种想象，《论语》这样的书名在当时也是没有的，当时唯有几种被称为《传》的孔子语录。著者引用了《论衡》之语，作为这一推测的根据。据《论衡》来看的话，至少应当承认，齐鲁二篇本和河间七篇本，在西汉中期之前就已经存在了。如果在现存的《论语》中来探寻这两者，那么，《学而》《乡党》两篇可以比定为齐鲁二篇本，《为政》至《泰伯》七篇则可以比定为河间七篇本。如果以同样的方法分析《论语》的后半部分，则可以认为，《季氏》《阳货》《微子》三篇非常之新，剩下的七篇则是齐人所传《论语》，很像是独立的孔子语录。作者的结论是，河间七篇本是曾子、孟子学派所传，最古；其次则是齐人所传七篇本，这是以子贡为中心的学派所传，在孟子以后得到编纂；齐鲁二篇本是将齐鲁学派所传，折中之后编纂而成的，也像是在孟子以后才有的。

就这样，著者将现存的《论语》分解为四组。每一组都作为一种作品来考察，详细论述了每一组当中各篇章的顺序，以及按照这一顺序之下各篇所谈的内容。换言之，该书第三章讨论河间七篇本的思想，第四章讨论下论中齐人所传的《论语》，第五章讨论属于最晚近部分的《季氏》《阳货》《微子》三篇，第六章讨论齐鲁二篇本。通过这样的考察方式，可以看出，《论语》各篇不是随意散漫编成的语录，而是有一定的组织框架的。此外，曾子学派的编纂、子贡学派的编纂，也因不同的立场而有鲜明的表现，而这种差异也会在其他方面体现出时间的先后差异。换言之，《论语》当中就包含着原始儒教的成立、发展、变化等跨越几个世纪的历史。

我们不禁要庆贺，对《论语》这部书，在一种完全意义上的原典批判终于在此达成了。如上所述，这是一件划时代的事情。不过，需要意识到的是，这样一种工作，是在继承了仁斋、徂徕⑥、昆仑等日本先儒的工作之上才得以完成的。在我看来，这是非常重要的一点。

昭和十五（1940）年四月

注释

① 这里是就日文版页码而言，实为第三章中谈《论语》版本的部分。

② 伊藤仁斋（1627—1705），日本儒学者，著有《论语古义》，倡导"古义学"。

③ 山井鼎（？—1728），号昆仑，日本儒学者，被誉为江户时代儒学者中考证学第一人，著有《七经孟子考文》。

④ 清原教隆（1199—1265），日本镰仓时代儒学者。他于仁治三（1243）年抄写的《论语集解》是日本现存最古老的《论语》完整抄本，称"教隆本"。清原教隆为出仕朝廷，而离开本家，赴关东镰仓。日本所谓"证本"，指的是能保证家学渊源的、流传有序的版本。

⑤ 日本南北朝正平九（1364）年，道祐居士出版《论语集解》，世称正平版《论语》，为日本最早的《论语》刻本。

⑥ 荻生祖徕（1666—1728），日本儒学者，著有《论语征》。

《论语》目录

168

译后记

近些年，有不少日本汉学研究成果被译介到中国，这本《孔子》自然也属于其中之一。但这本书的作者和辻哲郎，更主要的身份大概并非汉学家，而是哲学家和伦理学家。在日本，人们往往将他和西田几多郎并称为日本哲学"京都学派"的"双璧"；而在中国，人们往往更熟悉他的《风土》一书。

和辻哲郎 1889 年出生于兵库县，其父和辻瑞太郎在地方行医，并有一些汉学修养。1906 年，和辻哲郎到东京第一高等学校就学；1909 年，升入东京帝国大学哲学科，毕业后在日本多所大学任教；1925 年，受西田几多郎之邀，任京都帝国大学助教授；1927 至

1928 年，留学德国；1932 年，以《原始佛教的实践哲学》一书获京都帝国大学博士学位；1934 年，转任东京帝国大学教授；1949 年，退休；1955 年，获日本文化勋章；1960 年，因心肌梗塞去世。

从和辻哲郎的一生和治学方向来看，他并非一位严格意义上的汉学家，甚至可以说，他完全不以汉学研究知名。事实上，除了这本《孔子》以外，《和辻哲郎全集》中就再没有什么汉学研究专著了。他对后世影响最大的《风土》《古寺巡礼》两书，属于文化研究的范畴；奠定他在日本学界泰斗地位的《伦理学》《日本伦理思想史》，属于伦理学；《尼采研究》，属于西方哲学；《日本精神史研究》《锁国》，则属于日本思想史。因此，这本《孔子》在他的整个学术生涯里可谓孤篇横绝，然而即便是唯一的一本汉学著作，我们仍可以从中窥见和辻哲郎开阔的视野、灵巧的哲思和深厚的功底。

《孔子》在 1938 年初版的时候，隶属于一套由岩波书店推出的"大教育家文库"。文库从 1936 年开始发行，1938 年以 24 卷完结，其中既列有孔子、孟子、贝原益轩、山鹿素行等中日教育家，也囊括了苏格拉底、裴斯泰洛齐等西方教育家。这套书很像是给日本中小学一线教师打造的，使之能够概览世界文明中各类教育家的风采。恐怕也是因为这一点，文库中的书大多写得传统，格式老套，时过境迁后就少有人问津了。

然而，和辻哲郎仿佛是把创作这本书当成了一次个性展现的机会，写的主要都是他个人对《论语》以及《论语》中所呈现出的孔子的独到理解。既然不必以儒学者或者汉学家的身份自居，这本书也就写得非常洒脱。一本以"孔子"为题的书，开篇却从释迦牟尼、苏格拉底、耶稣和孔子——所谓"世界四圣"——写起，而且让另外三人占去了相当大的篇幅，这种写法，我只在和辻哲郎这里见过。不过，仔细玩味起来，他的这一写法确有其道理。这四人在世之时，影响力都局限在一个不大的地域，孔子的活动范围主要也就是在黄河下游地区。但在他们去世以后，由于历代弟子的努力和种种历史的因缘际会，他们的思想深刻影响了各自所属文化的走势，成为各自所属文化的核心部分。站在这个角度，所有后来人都可以奉他们为老师，他们也由此成为了"人类的教师"。这样一些充满哲学思辨意味的论述，给这本书打上了鲜明的"和辻哲学"的烙印。

最让我个人觉得有趣的，是和辻哲郎对《论语》中很多话的阐释，尤其是那句"吾十有五而志于学，三十而立，四十而不惑，五十而知天命，六十而耳顺，七十而从心所欲，不逾矩"，我第一次见到有人从一个逆向的角度去理解这句话："即便是孔子，也并非从幼年时期开始就爱好学习，而是到十五岁的时候才醒悟了求学之志。此外，他也并非在青年时代就事业有成，而是到了三十岁才刚刚有所立。即便步入人世，也并非什么困惑都没有，而是到了四十岁的时候，才终于坚定地看到了自己的道。不过，在实现这一道的过程中，也并非什么焦虑都没有，到了五十岁的时候终于知道了天命，心绪稳定了下来。即便自己的心绪稳定了，但对世人的言行也并非没有非难、否定的想法，终于到了六十岁的时候才有了对他人宽容的心态。不过，即便对他人能有宽容的心境，也并非对自己的每一次言行都感到认同，还是有不少遗憾和后悔的地方，要到七十岁的时候才能没有这种遗憾和后悔。"我想，大概只有熟读《论语》

同时在心态上非常放松的人，才能敏锐地把握到这一层意思吧。

在和辻哲郎创作此书时，另一个不可忽视的背景在于，东北帝国大学武内义雄教授，基于扎实的文献功底和敏锐的思想史眼光，为很多传统文献恢复其本来面貌做出了卓绝贡献。例如，今天学界广泛使用的《论语义疏》，就是基于大正十二（1923）年武内义雄校订的"怀德堂本"。有武内义雄珠玉在前，和辻哲郎不必像老一辈汉学家那样，在文献考据上耗去太多精力，反倒可以发挥自己作为哲学家的睿智，下笔锐利，一骑绝尘。也可以说，和辻哲郎这本书本身，就见证了日本汉学的一个重要发展阶段。

和辻哲郎从不以汉学修为自夸，极少向外展露自己的汉学修养。这本书甚至很像是偶一为之的游戏笔墨，写得随性、洒脱，拘束极少。但恐怕恰恰因为这一点，它在日本收获了众多的读者，这本书大概也是那套"大教育家文库"中生命力最为持久的一本。1988年，它被编入日本最负盛名的"岩波文库"，编号"青-144-5"，成为日本国民教养教育中不可或缺的一环。今天的日本人未必都完整读过《论语》，但他们却有很大概率，翻过这本《孔子》。

我在日本念博士时的导师是一位研究维特根斯坦的专家，他有精湛的德文和英文功底，但就像他这一代大多数的日本知识分子一样，已经对中国的传统典籍非常陌生了。直到一次酒会上，我才听见喝了点小酒的导师，聊起一点点他心目中的孔子。出乎我意料的是，他始终是把孔子和释迦牟尼、苏格拉底、耶稣合在一起谈的，并且认为他们之间有很多共通之处。我想，他年轻的时候恐怕就是和辻哲郎这本书的读者之一吧。

我很早就觉得自己有义务翻译出这本书。去年"新冠"疫情袭来，被迫成了一只家中困兽，索性就集中精力，了却了这桩心愿。这次翻译，以1988年"岩波文库"本为底本，同时参考1938年"大教育家文库"本。译稿草成后，东京大学陈玥博士做了一次校订，后又反复修订，终于成了今天这样的模样。和辻哲郎是学问泰斗，又是文章高手，我虽尽了全力，还是感觉自己的译文"下原文一等"，这一点要请各位读者朋友海涵。

翻译这本小书时，我正随施克灿教授念书。《论语》里有一句"夫子循循然善诱人，博我以文，约我以礼"，我总觉得就是我师从施老师两年间的真实写照。这本小书要献给他。

刘幸

2021 年 4 月 27 日

于烟雨中的苏州

图书在版编目(CIP)数据

孔子／(日)和辻哲郎著;刘幸译. —上海:上海古籍出版社,2021.5(2021.11重印)
ISBN 978-7-5325-9969-1

Ⅰ.①孔… Ⅱ.①和… ②刘… Ⅲ.①孔丘(前551-前479)-人物研究②儒家③《论语》-研究 Ⅳ.①B222.2

中国版本图书馆CIP数据核字(2021)第075469号

孔　子

[日] 和辻哲郎　著

刘　幸　译

陈　玥　校

上海古籍出版社出版发行

(上海市号景路159弄A座5层　邮政编码201101)

(1)网址: www.guji.com.cn

(2)E-mail: guji1@guji.com.cn

(3)易文网网址: www.ewen.co

启东市人民印刷有限公司印刷

开本787×1092　1/32　印张6.125　插页2　字数90,000
2021年5月第1版　2021年11月第3次印刷
印数:10,601-13,700
ISBN 978-7-5325-9969-1

B·1210　定价:36.00元
如有质量问题,请与承印公司联系